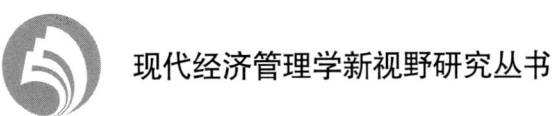

现代经济管理学新视野研究丛书

留守与儿童竞争行为：
基于中部农村地区的实验研究

赵俊 著

Left-behind and Children's Competitive Behavior:
Experimental Studies in Rural Areas of Central China

武汉大学出版社

图书在版编目(CIP)数据

留守与儿童竞争行为:基于中部农村地区的实验研究/赵俊著.—武汉:武汉大学出版社,2020.12
现代经济管理学新视野研究丛书
ISBN 978-7-307-21976-2

Ⅰ.留… Ⅱ.赵… Ⅲ.农村—少年儿童—心理健康—健康教育—研究—中国 Ⅳ.G444

中国版本图书馆 CIP 数据核字(2020)第 234973 号

责任编辑:詹　蜜　　　责任校对:李孟潇　　　版式设计:韩闻锦

出版发行：武汉大学出版社　　(430072　武昌　珞珈山)
（电子邮箱:cbs22@whu.edu.cn 网址:www.wdp.com.cn)
印刷:武汉中科兴业印务有限公司
开本:720×1000　1/16　　印张:13.5　　字数:191 千字　　插页:2
版次:2020 年 12 月第 1 版　　　2020 年 12 月第 1 次印刷
ISBN 978-7-307-21976-2　　　　定价:58.00 元

版权所有,不得翻印;凡购买我社的图书,如有质量问题,请与当地图书销售部门联系调换。

目　录

第1章　导论 ··· 1
　1.1　为什么关注留守儿童？ ······································· 1
　1.2　为什么要研究儿童的竞争行为？ ······························· 3
　1.3　本研究的现实意义和理论价值 ································· 5
　1.4　研究方法的选择 ··· 7
　1.5　本书的结构安排 ··· 8

第2章　父母陪伴缺失对儿童发展的影响 ···························· 12
　2.1　我国留守儿童的现状 ·· 12
　2.2　留守影响儿童发展的实证研究 ································ 15
　2.3　留守影响儿童发展的理论机制 ································ 27
　2.4　本章小结 ·· 31

第3章　竞争偏好对个体发展的重要性 ······························ 33
　3.1　行为劳动经济学对个性发展的关注 ···························· 33
　3.2　儿童个性发展与人力资本积累 ································ 36
　3.3　竞争偏好对个体发展的影响 ·································· 43
　3.4　儿童成长经历与竞争偏好形成 ································ 50
　3.5　胜败经历与竞争偏好发展 ···································· 58

1

3.6 本章小结 …… 64

第4章 留守与儿童的社会竞争偏好 …… 66
4.1 引言 …… 66
4.2 实验设计及执行 …… 67
4.3 数据及随机分组检验 …… 74
4.4 实验结果 …… 78
4.5 稳健性检验 …… 90
4.6 本章小结 …… 102

第5章 留守与儿童的自我竞争偏好 …… 105
5.1 引言 …… 105
5.2 实验设计及执行 …… 106
5.3 数据及随机分组检验 …… 109
5.4 实验结果 …… 112
5.5 稳健性检验 …… 120
5.6 本章小结 …… 127

第6章 胜败经历与留守儿童的目标设定和竞争参与 …… 129
6.1 引言 …… 129
6.2 实验设计与执行 …… 130
6.3 数据及随机分组检验 …… 134
6.4 实验结果 …… 142
6.5 稳健性检验 …… 163
6.6 本章小结 …… 174

第7章 结束语 …………………………………………………… 177
7.1 研究结论 ……………………………………………………… 177
7.2 政策含义 ……………………………………………………… 179
7.3 研究局限及展望 ……………………………………………… 180

参考文献 ………………………………………………………… 182

第 1 章 导　　论

1.1　为什么关注留守儿童？

对农村儿童的关注部分源于我个人的经历。我于20世纪80年代末出生在河南的一个农村家庭，父亲是一名农村小学教师，母亲是一名地道的农民。在我3岁时，由于经济原因，父亲也开始外出务工。但作为一个教育工作者，父亲深知父母在孩子成长中的重要性，在我7岁时，他毅然决定返乡，结束我的留守生涯。父亲经常感慨缺失我的童年，心怀愧疚，因此对我特别宠溺和包容。而周围一些亲戚家中出生在20世纪90年代的孩子们，在父母长期外出务工的情况下长大，无一不是厌学、叛逆，甚至在初中或高中就辍学。每次相见，一面是父母们无奈而痛心的感叹，孩子叛逆，不愿与父母沟通交流；另一面则是孩子对父母的怨怼和指责，一些孩子甚至出现严重的心理问题，四处求医，让人揪心。而父亲在农村小学执教近40年，亲眼看见了很多"发光的好苗子"在长期缺乏父母监护的情况下，逐渐变得"暗淡"，因此常常深感痛惜。所以当有一天我告诉父亲我要做留守儿童研究时，父亲非常激动，而在后来的实地实验研究过程中，他也不遗余力地给予我各方面的支持。事实上，我的成长经历和我那些亲戚的家庭正是我国中部农村地区千千万万家庭的一个缩影。

第1章 导　论

20世纪80年代中期以来，伴随着我国经济体制改革的持续深入和城市化进程的不断推进，大量的农村青年剩余劳动力离开自己的家园，涌入城市务工，形成了蔚为壮观的"民工潮"。由于受户籍制度和自身经济条件等制约，绝大部分进城务工的农民无法在城市定居，也无法带上孩子进城上学。于是农村出现了越来越多的"留守儿童"。根据中国第六次人口普查数据，我国全国留守儿童规模为6 972万，约为全部儿童的1/4；其中农村留守儿童规模为6 102万，占全部留守儿童的88%（段成荣等，2013）。根据《中国留守儿童心灵状况白皮书（2015）》，在留守儿童中，有接近1 000万名儿童全年见不到父母。根据2016年民政部、教育部和公安部的摸底调查发现，甚至有36万名农村留守儿童完全无人监护。作为规模如此巨大的特殊群体，留守儿童成为研究者高度关注的群体之一。

在我老家农村，很多父亲在孩子不到一岁就外出务工，母亲则在孩子一岁左右也外出务工，孩子多由祖父母或外祖父母抚养。由于务工地一般在长三角或珠三角等沿海发达城市，离中部内地较远，父母一般在春节期间才会返乡。随着经济条件改善，有些父母也会在7、8月份将孩子接到务工地过暑假。这种一年一两次的见面频率，抚养的缺位，一方面影响孩子与父母的亲密关系，导致孩子叛逆，不服从父母的行为约束；另一方面父母的愧疚和补偿心理也导致对孩子问题行为的忽视和纵容。而隔代抚养中，老人由于年事已高，责任分散且仍要从事农业生产活动，很多时候只能照顾孩子的日常起居，无法对孩子的行为进行管理和引导，尤其是对一些问题行为难以进行规范和约束，放任其发展。孩子年幼时需要更多的关爱却因父母打工忙而被搁置，而当青春期来临，过往的经历加上叛逆心理，即使父母回到身边，家庭教育也大打折扣。

父母陪伴的缺失、留守的经历都会在不同程度上影响儿童的身体和心理的健康。2014年的调查数据显示，49.2%的留守儿童在过去一年中遭遇过不同程度的意外伤害，其中留守儿童中患病的风险是非留守儿童的1.6倍，其短期健康程度也差于非留守儿童（赵苗苗，2012）。留守儿童的心理状况也较差，调查发现留守儿童普遍表现出对在外父母的强烈思念、内心孤独、缺乏安全感；农村留守儿童在父母外出后表现出较明显的情绪问题、交往问题和自卑心理等，甚至有30%的留守儿童表现出各种轻度或者明显的心理问题(罗静等，2009)。父母陪伴的缺失不利于留守儿童形成良好的人生观和价值观，使其在成年后更难融入社会，甚至可能出现犯罪问题(Cameron et al.，2017)。关注这些儿童的早期发展，采取科学和及时的干预措施，对于消除贫困的代际传递，缩小城乡和区域之间儿童发展的鸿沟，维护和促进社会起点公平，都具有重要意义；而且，这也势必会关系到改善国家未来的人力资本。

1.2 为什么要研究儿童的竞争行为？

梳理过去十几年发表在顶级经济学期刊的劳动经济学论文，可以发现"教育和人力资本形成"主题的论文数量在持续增长(List & Rasul，2011)。越来越多的研究表明，单纯依靠经济增长并不能减少极端贫困和日益加剧的社会分化，通过投资于人类发展和人力资本，增加获取公共服务的途径，才能维持经济增长和促进社会公平(中国发展研究基金会，2017)。诺贝尔经济学奖获得者丁伯根(Tinbergen)、舒尔茨(Schultz)、福格尔(Fogel)、森(Sen)和赫克曼(Heckman)等人的理论形成了新近的发展模式，强调应以对年轻人(儿童)的投资作为推动经济发展的核心手段。其中Heckman(1999，2000，2006，2013)通过对美国多个儿童早期干预项目的跟踪数据进行经验分析，给出了极具说服力的论证：儿童的早期发展对各项技能(skills)和能力(ability)的形成至关重要，而且与人一生的成就有着重要的因果关系。他指出："人力资本的积累是一个贯穿整个生命历程的动态过程，技能造就技能，当下技能为未来技能夯实基础"(Heckman，2000)。

Heckman等对美国普通教育发展项目(GED)和佩里学前教育项目(Perry Program)的研究还发现，个人的成就不仅取决于认知能力，而且与动机

(motivation)、毅力(perseverance)、坚韧(tencity)和自尊(self-esteem)等非认知能力密切相关,后者同样至关重要(Heckman,2013)。在成长过程中,较好的激励动机、较强的毅力以及良好的社会能力和情绪管理能力等非认知能力还能促进个体认知能力的提高,在学习和就业中能更加得心应手,也更容易持续深入下去(Heckman,2013)。此外,认知能力和非认知能力的发展存在不同的窗口期。认知能力在生命早期就开始形成,过了青少年时期就变得难以继续提高;非认知能力也是越早形成越好,但在20岁之前都还有可塑的空间(Heckman & Rubinstein,2001)。对于一些青少年时期的弱势儿童,错过了认知能力发展的窗口期,可以通过对非认知能力的培养来弥补因出生带来的劣势。近年来,国内学者也开始关注儿童早期非认知能力发展对后期成就的影响。钟粤俊和董志强(2017)利用CLDS2012和CEPS2014调查数据,研究发现青少年时期拥有更强意志力的个体,在成年后的收入水平也显著更高。

个体竞争性作为一种个性特征,可以反映个体寻求自我提升的意识、态度和动机。竞争机制也一直作为很多企业激励员工提升绩效的激励机制。近年来,有研究发现个体的竞争性不仅是一种个性特征,还会影响个体在劳动力市场上的决策,个体的竞争性甚至能预测个体未来的职业选择和收入差异(Buser et al.,2014;Buser et al.,2017;Reuben et al.,2015)。儿童的竞争行为是儿童社会化的一个主要方面,深受儿童心理学家和教育家们的重视。儿时的竞争偏好和竞争行为,对于儿童性格形成和人力资本积累都至关重要(Hojecki,2014),在短期可以影响儿童的教育升学等诸多决策,在长期则可以影响成年后的就业决策及劳动力市场表现(李晓敏等,2010;Sutter & Glätzle-Rützler,2014)。已有研究发现,儿童在3岁时就开始表现出竞争意识,大概到6岁就能够对竞争行为进行分析判断(critical judgments)(Greenberg,1932)。在学前时期,儿童的竞争偏好就存在明显的个体差异,这种差异随着年龄增长而增大,且个体间这种差异在时间上也相对稳定(Sutter & Glätzle-Rützler,2014)。个体竞争性的形成不仅受社会、经济、文化等宏观因素的影响，还受个人成长的家庭环境、父母的教养方式以及在校的同伴环境等影响(Almas et al., 2015；李斌和岑延远，2008)。但是，父母陪伴对于儿童竞争性的重要性，在文献中并没有得到充分探讨(Almas et al., 2015)。

随着留守儿童问题引起国家和社会各界的关注，近年来，国内不同学科纷纷开展了关于父母陪伴对儿童发展的影响的相关研究。大量调查和研究发现，父母陪伴缺失可能对儿童的营养健康、学业教育、社会适应以及人际交往能力产生一定影响(李强和臧文斌，2011；李云森，2013；罗静，2009；Su et al., 2013)。在研究方法上，大部分研究采用社会调查的方法，通过问卷和量表的方式研究儿童的心理健康程度和个性水平等，小部分通过既有的一些家庭调查数据实证分析留守儿童的学习成绩状况。近两年也有学者开始利用实验经济学方法研究留守儿童行为和偏好，包括撒谎行为、社会偏好、风险偏好等(Cadsby et al., 2019)，但尚没有文献讨论留守经历与儿童竞争行为的关系。在事关儿童行为发展的重要方面，我们仍知之甚少。

1.3 本研究的现实意义和理论价值

留守儿童问题已经成为我国当代的重要社会现象，引起了党和政府的关注和重视。2011年颁布的《中国儿童发展纲要(2011—2020)》着重强调了留守儿童工作的重要性及工作规划，提出"健全农村留守儿童服务机制，加强对留守儿童心理、情感和行为的指导，提高留守儿童家长的监护意识和责任。"2016年2月，国务院又颁布《关于加强农村留守儿童关爱保护工作的意见》，提出解决农村留守儿童问题的顶层设计，强调了关注和关爱留守儿童的重要意义，要求各部分和社会各界行动起来积极参与留守儿童的关爱保护工作中，健全和完善农村留守儿童保护服务体系。

本研究可以为父母陪伴对儿童非认知能力发展的影响提供新的研究视角

和经验证据。营养健康、学业教育和非认知能力发展(个性)是儿童人力资本积累最重要的三个方面。通过微观调查数据研究已经发现,由于缺乏父母关照和教导,留守儿童的健康状况和学业成绩显著受到父母外出打工的负向影响(李强和臧文斌,2011;李云森,2013)。经济学领域对留守儿童非认知能力发展的研究还较少。本书采用前沿的实地实验方法(field experiment)探讨留守儿童与非留守儿童竞争行为的差异,可以为父母陪伴对儿童非认知能力发展的影响提供新的研究视角和经验证据。

本研究可以对竞争偏好理论进行有益补充。已有研究发现,儿童竞争偏好的形成也会受到家庭方面的影响,比如养育方式和成长环境等因素(Almas et al.,2015),但国外尚没有研究探讨父母陪伴缺失对儿童竞争偏好的影响。国内留守儿童恰好提供了这一问题的研究样本。本书通过加入父母陪伴这个重要的影响因素,研究竞争偏好的形成,对竞争偏好理论进行有益补充。

本研究有助于深化对留守儿童非认知能力发展状况的理解。儿童竞争行为是儿童社会化的一个重要方面。合适的竞争对于儿童融入群体,进行社会交往,实现个人成就和社会目标都至关重要。近年来不少问卷调查发现留守儿童更加缺乏自信、自我意识发展程度更低,存在一些社会交往问题(Su et al.,2013;赵苗苗,2012),但并没有研究探讨个体竞争性这个重要的非认知能力在留守儿童中的发展状况。本书的研究可以完善对留守儿童非认知能力发展的了解,发现问题及时干预,帮助儿童更好地成长。

本研究有可能为治理留守儿童问题提供新的政策建议。留守儿童问题是我国工业化城镇化进程中面临的新挑战,也是我国人口增长放缓的情况下,由人口红利转向人才红利的关键环节。越来越多的研究也表明早期人力资本投资对于儿童长期发展具有重要作用。除了取消城乡二元结构,消除留守儿童这个长期改革措施以外,短期内通过学校、家庭和社会的综合干预措施,改善留守儿童的身心健康水平也是当前刻不容缓的任务。本书通过研究留守儿童的行为为干预措施的制定提供指导和建议。

1.4 研究方法的选择

本研究采用前沿的经济学实验方法在河南和湖北的农村小学开展实地实验研究(field experiment)。经济实验要求在可控的实验条件下,针对某一现象,通过控制某些条件使得参加者在模拟但更为简化的具有纯粹形式的市场或者其他经济环境中进行决策,观察决策者行为和分析实验结果,以检验、比较和完善经济理论,并提供政策决策的依据。近二十年,行为与实验经济学的崛起导致劳动经济学中实验方法应用的激增。以实验方法为基础的行为劳动经济学(behavioral labor economics)已成为劳动经济学的一个新的研究范式和新的研究路径(Berg, 2006; Dohmen, 2014; 董志强和洪夏璇, 2008, 2010)。

经济学实验主要包含两种类型：实验室实验(laboratory experiment)和实地实验(field experiment)。本书采用实地实验方法。实地实验方法与其他研究方法相比具有一些方面的优势。与实验室实验相比,(1)实地实验可以选择更广泛更多样化的被试群体,一定程度减少样本选择问题;(2)实地实验更贴近真实世界,具有一定的外部有效性的优势。与自然观察获得的微观数据相比,(1)实验可以弥补有些自然观察数据难以获得或者观察成本较高的问题;(2)实验可以通过随机化设置较好的控制额外变量,容易揭示因果关系;(3)通过在设计和操作中采用程序标准化、货币激励显著化、实验语言无偏化等一系列实验的严格标准化和规范化方法可以实现实验数据和实验结果的科学性。与问卷调查数据相比,经济学实验方法强调利用真实的利益作为刺激,所得多寡取决于个体行为,从而诱导个体表现出真实行为①。

实地实验方法同样具有一定的局限性。(1)实地实验一般花费较高,样

---

① 这也是经济学实验方法区别于心理学实验的重要方面。心理学实验方法也可能使用货币报酬,但它们很多时候只给予固定报酬作为一种补偿,并不刺激经济行为。

本量不可能非常大;(2)实地实验的操控较实验室实验更有难度,这也为实验设计和现场执行提出了更高的要求;(3)实地实验的复制相对困难,因为有许多实地实验得以开展需要机遇,需要外部实体或从业者的合作,或者详细的知识和操纵特定市场的能力才能开展和复制;(4)与实验室实验相似,实地实验的样本也可能存在自选择问题,包括实验参与者、实验组织以及进行实验干预的非随机性。

本书采用实地实验而不是其他研究方法主要有以下几个原因:(1)研究对象为留守儿童决定了本研究必须要到留守儿童所在的农村学校开展实地研究;(2)从数据的可得性方面考虑,研究的主题为竞争行为,已有的微观调查数据很少有收集儿童的竞争偏好等信息,本书通过实地实验可以收集到一手数据;(3)心理学中关于个体竞争性的测量量表偏向于测量个体的过度竞争倾向,这与本书想要研究的竞争参与行为有一定的差异。因此本书沿袭行为劳动经济学领域既有文献采用的竞争行为研究范式来测度儿童的竞争性。

在研究的具体执行上,本书根据实验内容的需要采用了不同的实验操作方式,在研究一和研究二的投币实验中,本书采用纸笔记录的方式完成实验结果的记录;在研究三的编码实验中,本书采用 oTree 编程软件完成了实验操作。oTree 是一个开放的在线实验专用软件,它是轻量级的可以用在实验室、教室和田野等。只要连上局域网或者互联网就可以进行实验,实验数据存储在在线服务器终端,稳定安全。

在实验数据分析中,本书采用了社会科学分析中常用的均值检验、方差分析、卡方检验等非参数检验方法进行初步分析,同时加入经济学中常用的多变量线性回归模型和二值选择概率模型控制住其他可能的影响因素进行进一步探究,所有分析均采用 Stata 软件完成。

1.5 本书的结构安排

本研究借鉴已有文献的实验研究框架,通过考察个体的竞争参与决策来反映个体的竞争性(Niederle & Vesterlund，2007)。这种方式测度的个体的竞争性可以在一定程度上表示个体积极寻求提升和进步的行为与动机。本书是一种探索性研究，围绕留守儿童的竞争行为这个研究问题，通过社会竞争参与决策、自我竞争参与决策以及竞争胜败对后续竞争参与决策的影响三个维度展开。

具体来说，实验一通过设计一个三轮的游戏任务探讨儿童与别人竞争时的竞争偏好差异。第一轮是计件游戏，儿童不需要与别人竞争，只需要根据自己的计件表现获得相应报酬；第二轮是锦标赛竞争游戏，儿童需要与另一名实验参与者进行锦标赛竞争，根据竞争胜负获得相应的报酬；这两轮任务可以获取儿童完成实验任务的能力水平，同时也用来考察留守儿童和非留守儿童在非竞争情境和竞争情境中的绩效表现是否存在差异。第三轮是竞争选择任务，儿童需要先选择是否参与锦标赛竞争，若选择参与竞争，则该轮报酬由竞争胜负决定；若选择不参与竞争，则该轮报酬由计件方式决定；第三轮任务用以探究留守儿童和非留守儿童的社会竞争参与选择是否存在差异。

实验二通过一个两轮的游戏任务探讨儿童与自己过去的表现进行竞争时的竞争偏好差异。第一轮也是计件游戏，儿童需要完成一个计件任务，根据任务表现获得相应报酬；第一轮任务主要用来获取儿童完成实验任务的能力水平。第二轮是竞争选择任务，儿童需要先选择是否与自己第一轮任务的结果比赛，若选择比赛，则该轮报酬根据比赛胜负确定，若选择不比赛，则该轮报酬由计件方式确定；第二轮任务用来探究留守儿童和非留守儿童的自我竞争参与选择是否存在差异。

实验一的社会竞争涉及个体与他人的社会互动，而实验二的自我竞争则不涉及社会互动，两个实验相辅相成，可以从不同的维度反映留守儿童和非留守儿童的竞争偏好差异。实验一和实验二的设计相近但有所不同，主要目的在于对实验一和实验二的结果进行比较分析。通过比较留守儿童在社会竞争和自我竞争两种设置中的竞争参与水平，可以进一步反映是否存在社会互动对留守儿童竞争参与偏好的影响。儿童成长过程中必然会经历的竞争，只要有竞争就会有胜败。实验一和实验二的设计中，儿童在进行竞争参与选择时均未在实验中经历过竞争胜败（实验一第二轮锦标赛的胜败结果是在所有被试完成全部实验后才公布）。竞争胜败会如何影响儿童后续的竞争参与偏好？这种影响在留守儿童和非留守儿童间是否存在差异？这是本书实验三要探讨的问题。

实验三通过设计一个三轮的游戏任务研究竞争胜败经历对儿童后续目标设定和竞争参与决策的影响。第一轮是锦标赛竞争游戏，儿童两两配对进行比赛，电脑根据比赛结果随机为2/3的儿童反馈他们在比赛中的胜败结果，另外1/3的儿童作为控制组不获得胜败结果反馈；通过本轮设计可以将儿童进行随机分组，同时获得儿童在实验任务中的能力水平。第二轮是目标设定，儿童需要对自己第二轮的任务设定一个目标，目标的完成情况与目标水平共同决定其在本轮的报酬；本轮设计用来考察儿童的进取心，儿童是会设定一个高于自己第一轮表现水平的目标来挑战自己还是设定一个更低的目标。第三轮是社会竞争参与选择，儿童需要选择是否与另一名实验参与者进行锦标赛竞争，根据儿童的选择来确定其本轮任务的报酬计算方式；本轮用来考察儿童在经历胜败后的竞争参与偏好。

本书结构分为七个部分，第一章为绪论，在研究背景和选题意义基础上，对本书主要内容和框架以及研究方法进行介绍；第二章和第三章为文献综述，简要介绍国内外关于竞争行为和留守儿童的研究，系统梳理儿童竞争行为的相关研究，对已有文献进行评述，为本书的研究提供理论基础；第四章到第六章为本书的三个实验研究，其中第四章研究留守儿童与非留守儿童的社会竞争参与决策，第五章研究留守儿童与非留守儿童的自我竞争参与决策，第六章探讨胜败经历对儿童后续目标设定和竞争参与的影响。第七章总结全文，报告本书的研究结论及对改善留守儿童状况的政策含义，并指出本书的研究局限和未来可继续深入研究的方向。

图1-1为本书的研究技术路线图：

1.5 本书的结构安排

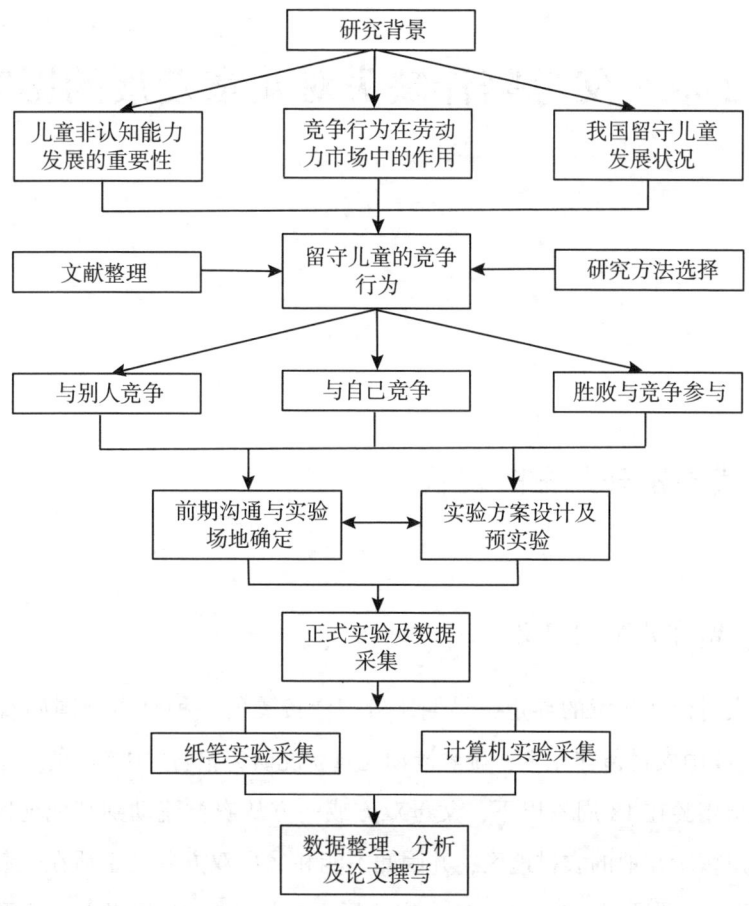

图 1-1 本书的研究技术路线图

第 2 章　父母陪伴缺失对儿童发展的影响

2.1　我国留守儿童的现状

2.1.1　留守儿童的定义

对农村留守儿童的界定，早期比较广泛接受的一种是由全国妇联 2013 年发布《我国农村留守儿童、城乡流动儿童状况研究报告》中给出的定义：留守儿童指年龄在 18 周岁以下，父母双方或一方从农村流动到其他地区，孩子留在户籍所在地的农村地区，并因此不能和父母双方共同生活在一起的儿童(全国妇联课题组，2013)。这个定义里主要强调了 18 岁以下的儿童留在农村地区，无法与父母共同生活。

随后有些学者认为父母外出长短对儿童的影响可能有很大差异，因此对留守儿童的留守时间进行界定。张利洪和刘洲(2006)认为可以考虑我国中小学生四个月为一个学期的特点，将留守时长超过"至少在四个月以上"的儿童定义为留守儿童。王秋香和欧阳晨(2006)则提出留守时间应为"半年以上"的标准。也有学者提出以"三个月"时长为筛选标准(刘志军，2008)。在已有研究中，大部分学者不考虑儿童的留守时长，沿用全国妇联的定义，利用人口统计数据推算留守儿童的数量(段成荣等，2013)，另外有些学者采用半年为界定留守儿童的时间标准,即未满18岁且在父母双方或其中一方移居城市至少6个月后留在家中的儿童(Rozelle et al., 1999)。此外,一些学者会根据父母外出打工时长的不同(如半年以下、半年至一年、一年至两年、两年以上等)进行类型间的比较研究。不过整体上来说,对留守儿童的很多研究并没有将留守时间长短作为判别是否留守儿童的一个指标。

2016年发布的《国务院关于加强农村留守儿童关爱保护工作的意见》中对留守儿童提出一个新的定义,即"父母双方外出务工或一方外出务工另一方无监护能力,无法与父母正常共同生活的不满十六周岁农村户籍未成年人"。这个定义中强调了双方父母均外出,以及一方外出同时留下的一方无监护能力,此外将年龄也缩小到16周岁以内。这个定义圈定的范围虽然变窄了,但确实是农村最缺乏父母关爱或者父母养育的儿童,其实主要都是(外)祖父母、亲戚朋友监护或者无人监护的儿童。

由于本书研究侧重在探索缺乏父母陪伴的留守儿童的行为,同时要对比父亲和母亲在儿童发展中的角色作用,因此本书沿用已有文献普遍采用的留守儿童的定义:留守儿童是指那些年龄在18岁以下的父母双方或其中一方父母迁入城市工作时留在家中的儿童(段成荣和杨珂,2008;段成荣等,2013;Su et al., 2013)。此外,本研究收集了儿童父母外出的时长,可以进一步分析父母离家三个月、半年甚至一年及以上时间,不同类型儿童行为的差异。在具体操作上,本研究先由被试所在班级的班主任在实验开始前两周收集被试的父母外出打工状态以及监护人信息。在实验期间,本研究也通过学生问卷获取学生自己报告的父母外出打工情况,在班主任收集和学生问卷报告的信息出现差异的,实验员会找学生进一步确定,通过双重检验获得被试留守情况比较准确的数据。

2.1.2 农村留守儿童的状况

我国留守儿童的数量与留守儿童的定义有一定关系,在普遍认可的"父母至少一方外出打工的18岁以下儿童"定义下,段成荣等(2013)利用2010

年第六次全国人口普查数据推算出，全国留守儿童规模为6 972万，全国农村留守儿童为6 102万，其中留守儿童占全国儿童总数的25%，农村留守儿童占留守儿童比例为87.52%。段成荣等(2017)基于2015年全国1%人口抽样调查数据推算出，2015年全国留守儿童规模为6 876万，较2010年减少96万；其中农村留守儿童为4 051万，较2010年减少2 051万，这一方面是由于社会各界对留守儿童的重视和政策调整，更多农村留守儿童随父母流动到城市生活，另一方面是我国城乡行政区域划分调整，儿童的农村身份到城镇身份转变。

2016年，民政部、教育部、公安部在全国范围内联合开展农村留守儿童摸底排查工作，根据《国务院关于加强农村留守儿童关爱保护工作的意见》中对留守儿童的定义，摸查发现全国农村留守儿童数量为902万人，超过90%分布在中西部省份，其中，由(外)祖父母监护的805万人，占89.3%；由亲戚朋友监护的30万人，占3.3%；一方外出务工另一方无监护能力的31万人，占3.4%；有36万农村留守儿童无人监护，占4%(朱启飞，2018)。两组数据的差异主要由留守儿童定义的差异导致的，2016年摸查的留守儿童多是留守状况比较严重的儿童，数量上可能仅仅是段成荣等(2013)推算的留守儿童中的一部分。另外一个原因是时间的变化。虽然留守儿童的数量可能有所下降，但留守儿童的问题仍然需要社会各界的关注。

在地区分布上，2015年的调查数据显示，中部地区农村留守儿童占比最多(35.53%)，东部地区最少(29.95%)。考虑各地区的农村儿童总数差异，仍可以看到中部地区农村儿童中，留守的比例也最高，西部其次，东部较低，本书的研究样本即为中部地区的农村留守儿童。从省级层面来看，2015年河南和四川的农村留守儿童占全国留守儿童比例最高，分别是12.14%和9.84%，其规模达到664万人和538万人。且从时间趋势上看，从2000年以来，河南省的农村留守儿童比例一直在不断攀升，从2000年的4.46%一直飙升到2015年的12.14%，成为全国农村留守儿童占比最高的省份。这也表明河南的农村儿童留守情况十分严重。

在年龄结构上,从2000年以来,学龄前和小学阶段一直是留守儿童占比最高的年龄段,超过70%的留守儿童处在这两个年龄段。其中2015年的人口调查数据表明,40%的留守儿童处在学龄段(0~5岁),33%的留守儿童是小学阶段(6~11岁),且小学阶段的留守儿童占比还在不断上升。2014年中国青少年研究中心组织的"全国农村留守儿童状况"调查发现,父母外出对小学中年级的儿童影响最大,父母外出对这一年龄段儿童的日常生活、负面体验和人际交往行为都有更大的消极影响。

在性别分布上,从2000年以来,农村留守儿童的性别比一直偏好,表现为男性留守儿童的占比高于女性留守儿童。这与我国的传统男孩偏好导致的农村地区儿童性别比本身就偏高有关。从性别年龄结构来看,低龄阶段的男性留守儿童占比较高,随着年龄增长,男性留守儿童占比逐渐下降。这一方面是由于随着年龄增长,更多留守儿童被父母带到城市中进行教育,另一方面是不少男性留守儿童在高中阶段辍学外出务工。

2.2 留守影响儿童发展的实证研究

儿童是国家未来劳动力的储备军,儿童的发展状况将直接影响国家未来的人口红利。经济学、人口学、心理学、教育学和社会学等多个学科都从不同的角度对留守儿童进行了研究,积累了一些研究成果。接下来本书将从对儿童人力资本积累较重要的四个方面:营养健康、心理健康、学业教育和个性发展来回顾相关文献。营养健康和学业教育对儿童人力资本积累的重要作用不言而喻,无须过多赘述,但心理健康和非认知发展(个性发展)也是儿童人力资本积累中非常重要的方面。已有劳动经济学研究表明,劳动者的非认知能力同认知能力一样对个体的职业发展和整个国家的劳动力的素质都很重要。

2.2.1 留守对儿童营养健康的影响

在营养健康方面,父母外出务工对儿童的身体健康的影响可能带来两个方面的影响。一方面外出务工可以增加家庭经济来源，保证儿童的营养需求，改善儿童的健康水平；另一方面，儿童可能因为父母照顾（caregiving）的缺失，健康水平变得更差。李强和臧文斌（2011）最早通过中国健康与营养调查（CHNS）数据对我国留守儿童的健康状况进行实证研究。他们采用1991年、1993年、1997年、2000年、2004年和2006年6个年度的CHNS调查数据，将儿童的父母外出务工情况与儿童过去四周是否生病的数据匹配起来，考察父母外出务工与儿童身体健康状况之间的关系。研究结果发现，留守对儿童健康状况的影响存在城乡差异。在农村，父母均外出以及仅母亲外出都会导致儿童患病的概率显著增加，且父母均外出的留守儿童比父母均在家的儿童患病的概率显著增加3.82%，表明母亲在保障儿童身体健康方面具有更重要的作用。这也是符合常识的，这与母亲大部分时候作为照料者的角色有很大关系。但在城市中，父母外出务工对儿童的患病概率并没有显著影响。这也说明农村儿童的特殊性。其中一个重要原因是，饮用开放性水源显著增加了农村儿童的患病概率。这表明农村留守儿童的身体健康一方面受外部客观条件的影响，另一方面还受父母外出务工的负向影响。

与此同时，一些大型调查项目也深入我国西部贫困农村地区，进一步探讨农村儿童与城市儿童身体健康的差异，以及留守对农村儿童身体健康的影响。国内北京大学现代农学院罗仁福教授、中国科学院农业政策研究中心张林秀教授和刘承芳教授以及陕西师范大学教育实验经济研究所史耀疆教授与美国斯坦福大学的Scott Rozelle教授联合开展的"农村教育行动计划项目"（REAP）在过去十年对我国中西部农村地区儿童教育发展展开了全面的调查研究。其中罗仁福等（2017）通过对我国西部贫困农村地区（青海、甘肃、宁夏、陕西、四川和贵州）近六万名四年级小学生进行调查（调查在2008—2012年进行）发现32%的儿童罹患贫血。在青海省贫困农村地区，贫血比例高达40%以上，部分学校的学生贫血率甚至高达90%。研究还发现，学生血红蛋白水平和学生的学业表现存在正相关，罹患贫血儿童的学业表现显著低于不贫血的儿童。

他们调查发现，贫困地区学生的膳食以米饭、面条和馒头等主食为主，能吃上肉、蛋、豆制品、新鲜水果和蔬菜的机会很少。调查数据显示样本地区有59%的学生每个月最多只能吃上一次肉，其中27%的学生甚至几个月才能吃上一次肉。超过40%的学生每个月最多能吃上一次鸡蛋，有近5%的学生要几个月才能吃上一次鸡蛋。只有不到10%的学生有机会喝到牛奶等富含蛋白质和钙的食品。即使是较为便宜且富含蛋白质的豆类食品，也仅有41%的贫困地区学生每个月能吃到一次以上。农村儿童的营养不良可能极大影响儿童的发展，成为导致城乡儿童教育差异的一个重要因素。

随后，他们将调查范围扩展到河南、河北、安徽和浙江等省份，最终获得我国10个省超14万年龄跨度在3~17岁儿童的研究样本，考察了留守对儿童的健康、营养和教育状况的影响(Zhou et al., 2015)。他们在研究中测度了儿童的贫血状况(测度血红蛋白浓度)、蛔虫和鞭虫感染情况以及近视情况来反映儿童的健康状况，还测量了儿童的身高和体重，计算BMI来反映儿童的发育状况。此外，他们还对儿童开展语文、数学和英语测试，以他们的测试成绩和平时的缺勤率来反映儿童的教育状况。

他们的研究结果发现，我国留守儿童在营养健康方面与非留守儿童并没有显著差异，但农村儿童在营养健康的多个方面均比城市儿童更差。在健康状况方面，农村儿童更容易贫血或肚中生虫，这一方面与农村的卫生条件较差有关，另一方面与农村儿童的养育方式有关。农村父母或者祖父母在儿童喂养中仍然以白粥等为主，缺乏儿童成长中必需的蛋白质和维生素等营养。导致农村非留守儿童与留守儿童患病率无差异的另外一个原因可能与父母的职业相关。调查发现，农村非留守儿童的父母大部分从事农业活动，因此孩子更可能花时间在田间帮助他们的父母。而这些田间的额外时间可能会导致土壤传播的蠕虫感染率更高，因为田间经常会被粪便污染，粪便是感染的媒介。在发育状况方面，虽然整体上留守儿童的身高、体重以及BMI指数与非留守儿童并没有显著差异，但在留守儿童中存在年龄差异。其中8~10岁的留守儿童实际上比3~5岁的留守儿童有更差的发育指标。对这一发现的一个可能的解释是,父母的逆向选择,即可以确定家里的低龄孩子可以得到照顾或健康状况良好的父母更可能外出务工。

以上实证研究在一定程度上表明了留守对儿童营养健康发展的影响,但同时均存在一些内生性问题。父母外出务工对儿童的营养健康产生影响主要通过营养元素摄入和养育方式两个渠道。为了更加明确留守、养育方式与农村儿童营养健康的因果效应,自2012年以来,陕西师范大学史耀疆教授联合国内多所高校成立项目组,深入贫困农村地区对6~24月龄的婴幼儿开展多个早期营养干预项目(史耀疆等,2020)。他们采用随机干预实验方法,将1840名6~12月儿童随机分为控制组(630名,无营养干预)和实验组(1210名)。对实验组儿童,项目组每隔6个月提供抚养者一个包含科学的营养元素组合的营养包,并培训抚养者使用方法。研究结果发现,提供营养包在初期(项目开始半年内)可以有效降低贫血、促进婴幼儿早期发展。

2.2.2 留守对儿童心理健康的影响

心理学领域很早就对留守儿童的心理健康给予较多关注。不少研究发现留守儿童存在广泛的心理健康问题,比如抑郁、焦虑、孤独和自卑等(Zhao et al., 2014; Wen & Lin, 2012; 罗静, 2009)。范兴华等(2012)通过问卷调查儿童的自尊、生活满意度、孤独感和社会焦虑等问题,比较留守儿童、流动儿童和一般儿童的社会适应差异,发现留守对儿童的社会适应具有不利影响,且这种影响存在性别差异和年龄差异,主要在女留守儿童或小学生中表现明显。公益组织北京上学路上公益促进中心从2015年开始每年会基于社会调查发布《中国留守儿童心灵状况白皮书》。白皮书主要搜集留守儿童与父母的亲子关系、留守儿童的情绪状态、心理状态以及生活经历。连续多年的调查研究都发现,留守儿童的愉悦状态显著低于非留守儿童,烦乱和迷茫状态则显著高于非留守儿童,消极情绪夹杂着对父母的怨恨。据2017年白皮书的调研数据,超过10%的留守儿童选择了说父母"已死"。不少留守家庭在亲子沟通方面存在障碍,亲子沟通甚至会带来伤害。相关研究亦表明,在与父母互动的深度和广度上，留守儿童缺失很大。

此外，2018年的白皮书发现，留守儿童核心自我评价得分显著低于非留守儿童和半留守儿童。随着年级的增长，留守儿童的核心自我评价呈现先缓慢上升、再快速下降的轨迹。2019年的白皮书还指出，留守儿童由于缺少父母的支撑与指导，胆怯与他人打交道。儿童期的交往障碍会使儿童对人际交往产生逃避，不但会妨碍他们儿童期的人际交往，也会影响儿童成年后的人格发展，甚至产生反社会行为。

而在实证研究方面，典型的代表是史耀疆团队对我国西北252所农村小学19000多名四五年级学生开展的调查研究，考察父母外出或返乡前后，儿童的心理健康变化。结果发现，父母外出对儿童的心理健康确实具有显著的负向影响，他们常常表现出较高的焦虑水平和较低的自尊水平。然而，父母返乡对儿童的心理健康并没有显著的正向影响。这表明，父母外出对儿童的心理健康产生了较大的负向影响，即使后来父母返回，也难以抵消过去所产生的负向影响。产生这个结果的主要原因可能是，当儿童年龄较小时，对父母的需求和依恋越强烈，一旦遭遇父母迁移，会严重影响儿童的安全感的形成。目前不同研究的结论较为一致，都表明了留守对儿童心理健康的负向影响。

2.2.3 留守对儿童学业发展的影响

在学业教育方面，理论上，父母亲(或一方)外出打工可提升社会经济地位，带来新的世界观、生活观等，与之相关联的教育观念变化可能对留守儿童产生有利影响(陈京军等，2014)；但也可能带来坏处，如减少父母行为控制和监控，弱化父母支持和引导等，由此则对留守儿童产生不良影响(Du et al., 2005)。

段成荣等(2013)统计发现6~11岁农村留守儿童的在校比例是94.96%，有3.34%的儿童没有按照规定接受义务教育，主要问题是推迟入学；未上过学的儿童甚至达2.44%；15~17岁的农村留守儿童接受义务教育的情况最

第2章 父母陪伴缺失对儿童发展的影响

差,未接受义务教育的比例有4.83%。其中母亲外出的农村留守儿童的教育情况最为堪忧,未按规定接受义务教育的比例高达5.12%,甚至高于父母均外出的留守儿童。

在学业表现方面,国内实证研究多认为父母外出打工会造成留守孩子学业表现不佳。李云森(2013)通过2000年甘肃省儿童和家庭调查数据(GSCF)分析了父母外出对儿童学习成绩的影响,发现父母一方或者两方外出半年以上对儿童的语文成绩进入年级20%,数学成绩进入年级前10%有显著的负向影响。主要原因是,由于父母外出的留守儿童大多是由祖父母代为照顾,因此无法获得学习上的辅导和有效的监督,从而影响他们的学习成绩(胡枫和李善同,2009)。陶然和周敏慧(2012)基于2010年安徽省和江西省的农村儿童抽样调查数据研究发现,只有父母双方同时外出时间较长时,才会对儿童学习成绩产生负向影响,主要是由于父母角色的缺失;此外,他们还发现这种负向影响存在性别差异,主要体现在留守男孩身上,对留守女孩没有显著影响。整体来说,留守对儿童学业成绩的影响受父母一方还是双方外出、父母外出的时间等影响,同时还存在性别差异。

Scott Rozelle(Zhou et al.,2015)在全国10个省开展的调查项目中同样考察了留守对儿童教育状况的影响,结果发现,留守儿童和非留守儿童的学业成绩并没有显著差异。但作者同时也指出,出现这种结果的原因可能是留守儿童的父母与非留守儿童的父母本身有不同。事实上,他们的调查发现,与非留守父母相比,留守儿童的父母年龄更小,受教育程度更高,来自更大的家庭,这可能表明留守儿童家庭中存在常住祖父母。考虑到父母的这些特点,留守儿童在认知表现上可能本身就要优于非留守儿童。但留守儿童现在的表现与非留守儿童几乎一样。因此,考虑到父母的特点和家庭的性质,留守儿童的表现可能比预期的要差。

高玉娟等(2018)利用2014年、2015年和2016年在中国农村地区进行的大规模抽样调查数据,使用倾向得分匹配和双重差分相结合的方法,考察了父母外出对四年级和七年级留守儿童学业表现(标准化数学测试)的影响。项目组 2014 年在山西、陕西、湖北、贵州、福建 5 省开展抽样调查,调查覆盖 13 个区县的 166 所完全小学、初中与九年一贯制学校,一共 18181 名四年级和七年级的学生参与了调研。结果发现留守对儿童学业表现的影响是随着留守时间长短动态变化的。当父母外出一年时,对留守儿童的学业表现具有显著的负向影响。与此相关的可能是因为父母外出一年对留守儿童自信心、主观幸福感、师生关系以及教育期望等多方面的负面影响。但当父母外出两年时,父母外出时的负向影响被第二年的正向影响所抵消。最终呈现的是父母外出务工的负效应先来,正效应后到的现象。

随着政策调整,一些外出务工人员开始返乡。现有研究多关注父母外出务工对留守儿童的影响,相比之下鲜有研究关注父母务工返乡对留守儿童的影响。王妍等(2019)采用中国西北某省 130 所农村小学 12 200 多名四、五年级学生的面板数据,使用双重差分法和倾向得分匹配法,考察了父母务工返乡对留守儿童学业表现的影响。无论是父母有任一方返乡,还是父母均返乡,其对留守儿童学业表现均无显著性影响。同时,他们还发现父母务工返乡对来自相对贫困家庭的留守儿童的学业表现有显著负向影响。可能的原因是父母务工返乡后,家庭收入下降造成的负面影响大于因父母照料增加而带来的正面影响,因此儿童学业表现并未因父母直接照料的增加而改善。这也在一定程度上反映了父母外出务工对儿童教育产出的双向作用。

中国贫困农村地区的初中辍学率高达 25%。尽管现有的研究调查了高学费和机会成本等因素是如何导致辍学的,但很少有研究探讨中国农村地区辍学率与心理健康之间的关系。Scott Rozelle 团队通过对我国农村 38 所中学的 4840 名学生进行调查研究发现,儿童的心理焦虑与学业表现具有显著的相关性(Wang et al. , 2015)。他们发现心理健康问题在农村儿童样本中普遍存在,74% 的学生存在心理健康问题。与辍学相关的学生和家庭特征(贫困和低成就)也与心理健康问题相关。更重要的是,即使控制了这些背景特征,心理健康问题仍然与辍学率相关。这表明心理健康问题,尤其是学业不佳的贫困学生,可能是造成中国农村高辍学率的原因。事实上,在前文中提到,留守对儿童的心理产生的重要的负向影响。由此可见，留守也可能通过影响儿童的心理健康来进一步影响儿童的学业表现，这进一步导致农村留守儿童的艰难处境。

2.2.4 留守对儿童个性发展的影响

早在20世纪30年代，美国心理学家亚历山大（Alexander，1935）就在其论文《智力：具体和抽象》中提出"非智力因素"（non-intellective factors）这一概念（李洪玉和阴国恩，1997）。关于"非智力因素"的组成，学者们的观点并不完全一致。Alexander(1935)强调兴趣、克服困难的坚持性以及获得成功的愿望等非智力因素的重要性；Terman(1947)将非智力因素概括为完成任务的坚毅精神、进取心、谨慎以及好胜心四种个性品质；而Wechsler(1949)则提出内驱力、情绪稳定性和坚持性等非智力因素在智力发展中起到重要作用。Heckman等在论文中使用非认知能力（non-cognitive）主要是用来与认知能力（cognitive）进行对标分析，此后"非认知能力"这个术语在经济学领域使用广泛。关于非认知能力包含的具体内容，Borghans et al. (2008)在 *The Economics and Psychology of Personal Traits* 一文中指出非认知能力是用来代表一些重要的个性特征（personal traits）。虽然Heckman的很多论文中提到"动机"（motivation），"毅力"（perseverance）和"自尊"（self-esteem）等是一些非认知能力对个人成就的重要性，但无法识别是具体哪种个性以及每种个性的作用（Heckman & Rubinstein，2001）。非认知能力（个性）的研究在国内尚处于起步阶段，学术界关于非认知能力的界定和测量还未形成统一的标准。"非认知能力"指那些除了"认知能力"之外，同样对个人获得社会地位、经济成就以及健康等十分重要能力，如社交能力、情绪稳定、毅力、创新能力等人格特质。

在非认知能力发展方面，对留守儿童的研究主要集中在留守对儿童的社会适应性和性格形成的影响。赵苗苗（2012）通过问卷调查发现儿童的社会生活能力、人际交往能力、行为表现、学业表现及综合社会适应能力均比非留守儿童差,尤其是在社会生活能力和人际交往能力方面。农村留守儿童在父母外出后表现出较明显的情绪障碍、学业焦虑和社会交往问题(Su et al.,2013;赵苗苗,2012)。留守儿童表现出相对较多的违法和违纪行为,社会适应不良问题较突出,存在一定程度的社交焦虑和人际交往问题(罗静等,2009)。一些留守儿童不服管教,小偷小摸,抽烟,酗酒,赌博,抢劫等,有些甚至走上了违法犯罪的道路(范先佐,2005)。留守儿童由于缺乏父母养育可能会导致自我控制水平有所不同。陈京军等(2014)探讨留守儿童自我控制水平与问题行为之间的关系时发现,父母均在外务工的留守儿童的自我控制水平显著低于非留守儿童,父母一方在家,尤其是母亲在家可以提高儿童的自控水平,减少其问题行为。

在亲社会行为和社会偏好方面,研究发现留守儿童与非留守儿童也有所差异。一方面留守儿童普遍比同龄儿童具有较强的生活自理能力,会主动去帮助他人,表现出一定的亲社会行为,通过这些亲社会行为,逐渐赢得老师和同学的认可,扩展他们的社会关系网络(谭深,2011)。杨新华等(2013)测度了留守儿童的希望感,发现希望感也与亲社会行为有正向的相关性,希望感的水平则与父母外出情况关联,双亲均外出的留守儿童的希望感最差,母亲外出的留守儿童希望感低于父亲外出的儿童。在社会偏好方面,张莉等(2011)通过量表研究留守儿童的公平感,发现留守儿童整体的公平感得分显著低于非留守儿童,具体来说,留守10年以内的儿童的公平感均差于非留守儿童,而留守10年以上的儿童的公平感水平已经和非留守儿童差异不大了,由此可见儿童的公平感也会随留守时间发生变化。

近两年也有学者开始利用行为经济学方法研究留守儿童行为偏好,包括撒谎行为、社会偏好、风险偏好等。最早是上海外国语大学的杨晓兰教授(Cadsby al.,2019)通过对贵州省唐凯县和凯里市两所小学共460名三年级和五年级学生进行实验研究,通过三种分配游戏测度儿童的利他偏好。结果发现农村留守儿童更快地从平等主义过渡出利他主义。在三年级时,农村留守儿童表现出明显的嫉妒情绪,更少的利他偏好,但到了五年级时,留守儿童显著增加了利他偏好,与城市同龄儿童的利他水平持平。此外,他们还发现与单留守儿童相比,农村双留守儿童表现出更多的利他偏好,在分配决策上与城市儿童的行为更加接近。这一方面可能是双留守儿童由于父母均外出务工而具有更高的物质条件,另一方面可能是因为双留守儿童由于缺乏父母双方陪伴,而提早成熟。

北京师范大学周烨馨老师也带领团队在四川开展了儿童实地实验研究。他们在四川省3个县11所学校对1634名7~16岁的儿童开展了行为实验,考察留守对儿童的社会偏好、风险偏好、竞争偏好、信任偏好和时间偏好等非认知能力发展的影响。结果发现父亲外出对儿童的竞争偏好具有显著负向影响;而父母均外出务工和母亲外出务工的儿童更偏好风险。双留守儿童具有更强的社会偏好和信任偏好,但更少被别人信任。留守和非留守儿童的时间偏好不存在显著差异。以上是该研究的中期成果,该项目还正在持续开展中。

综上,国内经济学领域对留守儿童的研究主要集中在留守对儿童营养健康以及学习成绩方面的影响,对留守儿童非认知能力发展的研究还相对较少。心理学及社会学对留守儿童的研究主要关注儿童的心理健康状况和社会适应性问题,研究方法主要基于儿童自评问卷获得,且也没有文献完善系统的测量过儿童的人格特质。父母陪伴缺失和留守经历如何影响儿童的个性及非认知能力发展,留守儿童与非留守儿童之间是否存在差异,尚是研究的空白区。

2.2.5 对国外留守儿童的研究

留守儿童并不是中国特有的现象,留守儿童是全世界很多国家面临的共同议题。在东南亚、非洲和东欧等地区同样存在留守儿童现象。联合国儿童基金会2006年的一项研究指出,在斯里兰卡,大约有100万名儿童留守在家;在菲律宾,约900万名的儿童(约占其儿童总数的27%)与父母一方或者双方分离;在孟加拉国,近40%的家庭中至少有一名家长迁移到外地工作;

在印尼，约有100万名留守儿童；泰国约有50万名留守儿童；在蒙古，有近4.7%的儿童被父母一方或者双方留在农村地区(Nguyen et al., 2005)。在东非和东欧，比如坦桑尼亚、罗马尼亚、摩尔多瓦等国家也有留守儿童现象。

从留守儿童的分布来看，大部分留守儿童分布在经济欠发达的农村地区。只是因为中国幅员辽阔，留守儿童数量众多，国内外普遍将中国的留守儿童作为典型来研究(中国青少年研究中心，2014)。与国内的城乡留守儿童不同，东南亚等地区的留守儿童多是面临跨国的距离。这是由于全球化贸易的发展，资本和劳动力也开始全球化流动。成千上万的东南亚发展中国家父母出国到经济发达的国家和地区，寻觅薪酬更高的工作来挣取更可观的收入(De Haan & Rogaly, 2002)。其中我国香港地区的"菲佣"就是一个最典型的例子。与国内留守儿童相似，国外留守儿童的成长条件也十分严峻。

在营养健康方面，2003年菲律宾的调查发现，留守儿童的整体健康状况比非留守儿童好，主要是由于父母外出打工为留守儿童寄回汇款，提高了家庭收入，进而保证儿童成长的物质需求(潘璐和叶敬忠，2009)。在墨西哥，外出打工的汇款使遭受营养不良的儿童占比降低5.4%，婴儿死亡率下降3%，同时这些汇款使儿童接受专业护理的概率提高近30%(Rogaly et al., 2002)。这与国内留守儿童营养健康状况研究结论不同，主要有两个原因，一是在部分地区，比如印尼或斯里兰卡地区，父母外出打工是季节性的(Rogaly et al., 2002)，外出务工不仅可以改善家庭的经济条件，在不外出的季节还可以照料孩子，有效地平衡了收入提升的正效应和父母照顾缺失的负效用，对儿童的营养健康具有促进作用；二是在菲律宾等地区，由于跨国劳动力流动的产业化，外出打工汇款提高当地的经济水平，政府也积极改善当地儿童的卫生健康设施，使儿童获得更好的健康服务。

在儿童教育方面，一些研究国外留守儿童的文献表明，外出打工汇款能使留守子女获得更多教育的机会、降低辍学率、提高家庭的教育支出、减少孩子参与劳动的时间，从而改善孩子受教育的情况(Kandel et al., 2001;

Hanson et al.，2003；Lu et al.，2007)，但另外一些研究则发现，留守导致父母陪伴和教导的缺失会对孩子的教育产生负面影响。对菲律宾和斯里兰卡的留守儿童研究发现，父亲外出和母亲外出对儿童的学业表现产生不同的影响，父亲外出的留守儿童比非留守儿童的学习成绩更好，但是母亲外出的留守儿童学习表现则比非留守儿童的更差，这可能是因为母亲对儿童平时学习的辅导和监督更多(潘璐和叶敬忠，2009)。对泰国留守儿童的受教育机会研究同样发现，父亲外出对儿童的受教育机会影响不大，但母亲的长期外出会显著减少留守儿童的受教育机会；父母外出打工的汇款增加儿童受教育的机会，但外出打工的金钱收益同时也会诱惑儿童提前辍学，加入外出打工的队伍。在摩尔多瓦，由于父母外出打工期间儿童需要承担一定的家庭责任，较大的留守儿童通常需要照顾较小的兄弟姐妹日常生活，从而对儿童在校的学业成绩产生一定的负向影响(Jampaklay，2006)。

在社会行为方面，联合国儿童基金会的研究发现，留守儿童在发生未成年怀孕、滥用药物以及参与暴力活动等行为遭受更大的风险(Nguyen et al.，2005)。对摩尔瓦多的青少年犯罪研究发现，1993—2000年青少年犯罪比例升高可能与这一时期留守儿童数量的增加有很大关系，因为其中60%的青少年犯罪者是留守儿童。在墨西哥，父亲的缺席容易导致儿童出现问题行为，由于存在被遗弃的感觉，61%的留守儿童出现心理问题。而对菲律宾留守儿童的研究发现，菲律宾的留守儿童普遍得到有力的社会支持，一般有较好的社会适应能力，在社会互动和社会交往中不存在明显的问题；父母外出打工并没有对儿童的社会化发展和价值观的形成产生严重的负面影响。

综上，整体上来说国外发展中国家留守儿童的状况与我国留守儿童的情况类似，但由于各国的社会保障和儿童养育的方式不同，父母外出打工对儿童发展的影响也存在一定的差异。国内外的调查研究普遍发现留守导致的父母陪伴缺失对儿童的成长有一定的负面影响，尤其是在学业发展和个性发展方面。国外留守儿童的研究结果可以带来以下启示：一是，在政策支持方面，政府和社会给予留守儿童的关心和制度保障，可以在一定程度上改善留守儿童的健康状况和社会适应能力；二是，父母定期探望(季节性的回家)可能会在一定程度平衡收入增加的正效应和陪伴缺失的负效应。

2.3 留守影响儿童发展的理论机制

2.3.1 父母养育对儿童发展影响的理论

早期关于父母养育与儿童发展的相关理论研究主要是从西方家庭结构变迁的角度展开的。研究发现，由亲生父母共同养育的儿童在未来教育水平、职业发展和收入方面的平均社会经济地位均比单亲家庭或者重组家庭等其他特殊家庭结构的儿童更高(Amato & Keith，1991；Amato & Booth，1991，2009；Biblarz & Raftery，1993；Duncan & Duncan，1969；McLanahan，1985；McLanahan & Sandefur，2009；Powell & Parcel，1997)。有研究表明，20世纪70—80年代的美国，单亲母亲家庭对儿童成就产生的重要负面影响就是较高的失业率和较低水平的职业职位(Biblarz & Raftery，1999)。来自单亲家庭和继母家庭的儿童的成就一直低于来自双亲生父母家庭的儿童。不同领域的学者们提出了六个可能的理论框架去解释父母养育对儿童发展的影响。

社会化理论，强调养育对塑造儿童生活的基本作用(Baumrind，1978，1980；Parcel & Menaghan，1994)。就单个母亲而言，父亲缺勤会降低家庭向儿童提供最佳支持和控制的能力(Astone & Mc Lanahan，1991；Thomson et al.，1994)。配偶缺勤，伴随着责任超负荷，对女性的心理健康产生负面影响(Acock & Demo，1994；Crosby，1987；Simons，1996)。这导致父母养育方式的不一致(Hetherington et al.，1978)，对儿童的监督较少(Thomson et al.，1992)，父母威权主义(Bronfenbrenner，1979)，以及儿童以不适合他们年龄的方式成长的期望(Weinstein & Thornton，1989)。所有这些都破坏了儿童的健康发展。

学习理论认为家庭是儿童学习关于如何在成年时期与社会相处的主要场所(Kohn,1983,1989)。如果没有父亲,儿童将缺乏如何在市场活动中取得成功的男性楷模(McLanahan & Sandefur,2009;Powell & Parcel,1997)。在双亲生父母家庭中,儿童了解权威关系的结构以及如何与权威人物成功交往(Nock,1988),这种学习促进了儿童的教育和职业成就。在父亲缺席的家庭中,儿童很难学习到这些重要的技能。

经济学理论提出,社会经济成功是人力资本投资的一个功能(Becker,1975,1991;Becker & Tomes,1986)。家庭作为单一单位来最大化整体效用。市场活动和家庭服务投资产生的效用来自商品——儿童。双亲家庭是现代资本主义社会中功能最佳的形式之一,因为它允许一方提供家庭服务,另一方提供经济资源(或市场货物)。这是一个特别有效的系统,可以最大限度地提高效用,并最终扩大儿童的人力资本。单亲家庭从市场上获得的收入较少,而且提供家庭服务的时间也较少。一位家长无法像市场和非市场活动一样成功地覆盖市场和非市场活动,因此单亲家庭的儿童相对而言效果不佳。在单亲家庭的儿童中,经济理论预测双亲家庭的孩子会比单亲家庭的孩子好,因为他们会带来可观的收入优势。在单亲家庭中成长的儿童的成就最低,单亲母亲家庭的平均收入不到双亲家庭的1/3,单亲父亲家庭收入约为双亲家庭收入的一半(DaVanzo & Rahman,1993;Meyer & Garasky,1993)。

进化心理学关于家庭的进化观点(如Emlen,1997)认为母亲比父亲在确定儿童命运方面的作用更重要,它对生物关系给予了特别的重视。进化观点始于这样一个前提,即母亲将更多地资源投入到孩子中而不是父亲。一个孩子的生存和幸福对母亲来说更加重要,与父亲相比,母亲的潜在生殖投资更多地与这个孩子捆绑在一起(Trivers,1972)。因为女性拥有额外孩子的潜力远低于男性,所以他们有更大的兴趣来确保对孩子的养育。

父母能力理论对"特殊家庭结构将负面影响儿童发展"的研究结果提出质疑,认为这有可能是样本选择效应的结果。比如,单亲儿童的父母可能本身在家庭生活中不太稳定或者能力不足。单亲家庭的儿童能力发展落后可能是因为他们父母不够能干,而不是因为离婚本身。Cherlin 等(1991)使用纵向数据发现,与父母离婚之前,许多与离婚有关的儿童行为问题在儿童中实际存在。父母能力涉及家庭中父母角色的表现,在对家庭结构对儿童发展的影响研究中最好能控制住父母能力的差异。

家庭冲突理论认为对儿童的主要不利影响可能不是离婚,而是家庭冲突。因为长期暴露于父母的不和谐(Amato & Booth, 2009; Amato et al., 1995; Glenn & Kramer, 1987; Mueller & Pope, 1977),单亲家庭的子女比双亲和谐家庭的子女的成就要低。菲律宾也有研究表明,由于离婚成本较高、程序复杂,父母关系不合的家庭可能也会出现一方外出务工的情况,导致儿童由父母中的一方单独照顾(Battistella & Conaco, 1998)。

以上社会学和经济学的理论都表明,父母陪伴缺失很大概率会对儿童的发展产生严重的负面影响,只是不同理论对父亲和母亲在家庭和孩子养育中的角色和重要性有一定差异。学习理论和经济学理论比较强调父亲的重要性,进化心理学理论则强调母亲在儿童发展的作用,此外父母的能力和父母的亲密关系在一定程度上也会影响儿童的成就。

2.3.2 父母养育中物质投入和非物质投入的作用

父母和家庭对儿童教育和培养过程的成功具有重大影响。父母养育投入不仅涉及金钱等物质投入,也涉及时间投入、养育方式和情感等非物质投入。物质投入和非物质投入不仅会分别影响儿童发展,两者还具有一定的交互作用。同时,物质投入和非物质投入作为稀缺的资源,也受父母自身预算约束的影响。

首先,单独看物质投入的作用。从上文对留守儿童营养健康和学业表现的研究中,我们可以看到,物质投入对儿童的发展具有显著积极的作用。对于营养健康,经济条件增加,可以为儿童提供更好的食物、更多营养元素和医疗条件。对于学业发展,物质条件可以为儿童提供更多、更优质的教育资源。物质投入的差异也是导致城乡儿童营养健康和教育产出差异的重要原因。对于农村家庭,父母外出务工确实可以在一定程度上改善家庭的经济条件,在物质投入角度上为儿童的发展产生一定的积极效应。

对于非物质投入,不少研究探讨了父母的养育参与对儿童发展的影响(Durisic & Bunijevac, 2017)。父母的参与可以在许多方面鼓励孩子和青少年的成就。研究表明,父母的参与与儿童和青少年的学业成绩相关。小学生获得更高的学术、语言和社会技能,中学生和高中生有更大的成就和未来抱负,花更多的时间做和完成家庭作业(Epstein, 2009)。此外,父母的参与比家庭的社会经济地位、种族、民族或教育背景对孩子的学业成功影响更大。父母积极参与学校教育,对孩子进行家庭作业辅导,对孩子的学业成功具有很大的促进作用。此外,父母和教师之间的互动可以增加相互尊重,增加教师对父母重视教育程度的看法(Comer, 1995; Epstein, 2001)。

关于父母的参与和学生的学业成绩之间的关系,有几项研究综述中都得到了一致的结论。不管父母参与的定义如何,这两种结构之间都存在着强有力的积极关系,Wilder(2014)的教育研究综述还发现,如果父母参与被定义为父母对其子女学业成就的期望,那么这种关系就是最强的。父母的期望反映了父母对学校、教师、科目和教育的信念和态度。由于孩子可能会怀有与父母相似的态度和信念,因此父母对孩子的高期望对孩子的学业成绩至关重要。此外,研究还发现父母的参与在小学阶段比在较高年级有更显著的影响(Jeynes, 2007; Patall et al., 2008)。

父母的养育参与不仅影响儿童的教育产出,也影响儿童的非认知能力发展。罗仁福和张林秀团队通过对云南省和河北省400多名6~12个月的儿童进行调查发现,农村家庭的养育质量不容乐观,其中有25%的样本儿童在沟通、精细动作、大动作、解决问题和社交能力方面至少一项发育迟缓。相比之下,家庭养育质量得分越高的儿童,其各方面都发展得更好(王天仪等,

2018)。史耀疆团队设计一个为期半年的亲子活动入户家访项目，考察养育知识培训对儿童认知能力发展的影响。研究中将 120 个村 539 名婴幼儿随机分为控制组(312 名，没有任何干预)和干预组(227 名)。在干预组中，组织 60 名乡镇计生专员开展了为期一周的婴幼儿早期发展知识培训，培训后的工作人员使用项目组开发的 248 个亲子游戏及其配套的玩具和绘本，每周一次到农户家庭指导家长与婴幼儿开展 2 个亲子游戏活动(每月共 8 个围绕婴幼儿语言、运动、认知和社会情感发展的活动)。基于干预前后的调查数据，研究发现干预组抚养人的养育行为有很大的改变，比如阅读、唱歌和用玩具与婴幼儿玩耍的次数有显著的提高，而且一周一次的入户干预对 24~30 月龄的婴幼儿的认知发展有显著的促进作用。

虽然物质投入和非物质投入都对儿童发展产生积极作用，但两者又同时受父母的社会经济地位影响。当父母的社会经济地位较高时，父母一方面可以支付一定的物质投入，同时也更倾向于花费更多时间在养育儿童上，倾向于采用权威型的养育方式。研究发现，受教育程度更高的女性工作时间更长，同时挤用闲暇时间来花更多时间照顾孩子，此时物质投入和非物质投入的替代效应并没有明显的体现。当父母的社会经济地位较低时，物质投入和非物质投入可能就会呈现明显的替代作用。

对于本书研究的农村地区儿童，父母外出务工的初衷是为了给孩子提供更多的物质基础，但相应挤出的就是对孩子的非物质投入，因此就会出现父母外出务工对儿童学业表现正效应和负效应均存在的情况。但物质投入和非物质投入的作用都是边际递减的特性，如何权衡物质投入和非物质投入(如父母养育参与)是外出务工父母需要不断思考的问题。

2.4 本章小结

本章简要回顾了我国留守儿童的现状以及人口特征情况，随后详细阐述了实证研究中留守对国内外儿童身体健康、心理健康、学业发展和个性发展产生的影响,最后介绍了父母养育与儿童发展的相关理论,并结合我国留守儿童的现状,探讨了父母物质投入和非物质投入对儿童发展影响的交互作用。

第 3 章 竞争偏好对个体发展的重要性

3.1 行为劳动经济学对个性发展的关注

3.1.1 行为劳动经济学的起源和发展

行为和实验经济学起源于 20 世纪中后期。2002 年诺贝尔经济学奖被授予卡尼曼(Daniel Kahneman)和史密斯(Vernon Smith)以表彰他们在行为与实验经济学研究方面所做出的开创性工作,这标志着行为和实验经济学已经成为一个有影响力且重要的经济学领域。2017 年,行为经济学家泰勒(Richard Thaler)获得诺贝尔经济学奖,更是掀起了行为和实验经济学的新的浪潮。随着行为经济学的兴起,不少经济学领域逐步引入行为思想,发展出行为博弈论、行为金融学、行为宏观经济学等分支学科(董志强和洪夏璇,2010;周业安,2004)。劳动经济学也开始引入行为视角,在有限理性人假设基础上,通过实验研究方法,对劳动力市场及其行为进行分析和解释,发展出行为劳动经济学(behavioral labor economics)研究分支(董志强和洪夏璇,2008)。"行为劳动经济学"这个术语最早出现在 Altam 主编的《当代行为经济学手册》第 23 章中,由 Berg(2006)提出。

最早的行为劳动经济学研究是 Akerlof 等人通过引入心理学因素构造一个

新的效率工资模型,用来解释名义工资刚性和非自愿失业现象(Akerlof,1982,1984;Akerlof & Yellen,1986,1990)。随后,一些行为与实验经济学家如Fehr、Falk、Gächter 等通过实验证据,对劳动合同、最低工资和劳动供给等一系列劳动经济学问题进行重新审视,由此开辟了行为劳动经济学这一研究路径。近年来,在行为经济学不断发展的推动下,劳动经济学的研究也开始重新审视新古典劳动经济学理论,在工人努力、劳动供给和税收政策、劳动力市场异质性、互惠和信任、劳动合同、工会等一系列劳动经济主题上取得了突出成就(Berg,2006;董志强和洪夏璇,2010)。过去几十年中,顶级期刊已发表了许多基于行为经济学或基于行为经济学见解的劳动经济学领域的出版物,并且许多这些文章被广泛引用,例如关于劳动力市场中礼物交换的文献(Akerlof,1982)或劳动力供给中的参照依赖理论(Camerer et al.,1997)。

事实上,行为经济学已经在各个领域深刻地改变了劳动经济学(例如,跨期劳动力供给,工资及工作关系,公平规范在工资确定中的作用),并激发了新的研究方向(例如,关于激励心理学,社会比较和同伴效应)。行为经济学对劳动力市场行为和结果的微观经济分析产生了较大的影响。受行为经济学关注个人决策和人际互动的影响,劳动经济学领域也越来越重视微观劳动行为,侧重研究微观层面的个体差异。

Dohmen 于 2014 年发表在 Labor Economics 上的研究综述——《行为劳动经济学:前沿与未来方向》中指出,将非标准偏好、有限理性和个体异质性整合到个人工资和就业决策的模型中是劳动经济学未来发展的一个重要方向。其中非标准偏好是指经济个体不再严格遵循自私自利的偏好假设,而是具有公平、互惠、利他、损失厌恶和参照依赖等其他偏好的集合体。人类的群居性决定了个体具有一定的社会性,个人只关心其绝对消费水平和自身效用的观点长期以来一直受到其他社会科学学科的挑战(Festinger,1954;Olson et al.,2014)。已有研究发现,社会比较会影响个体的决策和效用(Frank,2005;Pollak,1976)。在劳动力市场中,社会比较会影响劳动供给、工资决策、努力水平以及激励机制的设计(Bartling & von Siemens,

2010; Cohn et al., 2014; Frank & Hutchens, 1993; Hamermesh, 1975; Neumark & Postlewaite, 1998)。已有研究发现女性比男性更加规避社会比较(与他人竞争),这可能会影响女性的劳动供给和就业决策,进而导致劳动力市场分割和性别工资差异(Niederle & Vesterlund, 2011)。

对个体偏好的行为经济学研究显著提高了对个体偏好异质性的认识,尤其是大量行为和实验经济学研究都发现不同群体在社会偏好、风险偏好和时间偏好等方面存在显著的差异。Henrich 等(2001)在12个不同国家的15个小规模社会群体中进行最后通牒博弈实验,发现不同群体在互惠行为方面存在巨大的差异。这种差异不仅受群体的人口特征影响,还受不同群体的社会经济文化环境的作用。这些发现激发了对广大人群中偏好分布的研究兴趣。

劳动力市场中参与者的多样性必然会影响劳动力市场的行为和产出。劳动经济学中一个有趣的研究领域是研究偏好异质性与激励机制的相互作用。这类研究为个体经济偏好对激励机制选择的影响提供实验证据。个体偏好通过影响个体在不同类型工作中的效用,进而影响个体的就业决策。这一机制对一系列劳动力市场结果具有深远影响,包括职业分类、公司的性别构成以及性别工资差距(Cadsby et al., 2007; Dohmen & Falk, 2011; Eriksson et al., 2009b; Lazear, 2000; Larkin & Leider, 2012; Niederle & Vesterlund, 2007)。激励机制的自我选择行为会影响劳动力的构成,从而影响组织文化。组织的成功不仅取决于员工的能力和特定技能,而且取决于员工处理问题的方式,与客户打交道以及完成任务的方法,这在很大程度上取决于员工的偏好、态度和个性。

3.1.2 个性在劳动力市场中的重要作用

个体的异质性不仅涉及偏好差异,而且与人格特质有关。人格也可以称为个性,是心理学中的一个概念,早期主要通过心理学量表测量获得。人格特质在生活的许多方面影响成功的直觉很早就激发了学者们对劳动力市场中人格回报的研究(Filer, 1981; Jencks, 1979)。一些劳动经济学研究探索大五人格对个人工资的影响(Heineck & Anger, 2010),自我控制力对工作搜寻的影响，以及个性对获得高等教育的作用(McGee & McGee，2016)。

近年来，关于个性在决定劳动力市场结果中作用的研究已经成为当代劳动经济学中最具活力的领域之一。Heckman 和 Rubinstein(2001)为了揭示不平等的根源，通过几十年的跟踪研究发现，能力、教育程度和家庭资源受限等因素都不能完全解释弱势家庭背景的儿童最终会成绩低下，在劳动力市场表现不佳；而自我激励、坚持以及自觉性等个体偏好和个性才能提升劳动力市场的回报。这类个体特征被 Heckman 等人称为非认知能力。目前对这类个性特征的研究并没有得出系统稳健的结论，仍需要更多的经验研究。通过心理学人格量表测度的个性和通过经济学方法测量的个体偏好结果并不是完全一致，有相似点也有不同之处。正如 Becker 等(2012)评估经济偏好测量与心理学人格量表测度的关系时，得出结论：经济偏好测量和心理量表测量之间的相关性很小，在解释重要的个人成就，如教育程度、收入、就业以及生活满意度等方面，两个测量系统可以互相补充而不是替代。因此接下来需要更多的经济学研究去探索偏好或个性在不同群体间的差异，以及其对个体未来成就的影响。

综上可知，行为劳动经济学的研究不仅有助于解释劳动经济现象，而且可以对主流经济学的一些理论进行补充和修正。正如 Kaufman(1999)在其关于劳动经济学行为基础的论文中所论述的："行为方法原则上是对新古典经济学的心理基础的扩展而不是背离"。行为经济学虽然没有彻底改变劳动经济学，但改变了许多劳动经济学家对劳动力市场的看法。随着行为经济学的快速发展，可以预期，未来，行为经济学将继续对劳动经济学产生深远的影响。对于中国学者来说，运用行为经济学思想和行为实验方法，对我国经济改革中的劳动经济问题进行研究和探索是重要且必要的。

3.2 儿童个性发展与人力资本积累

3.2.1 劳动经济学对儿童早期发展的关注

自从贝克尔(Becker，1975)和闵沙(Mincer，1974)的开创性贡献以来，劳动经济学研究，特别是与劳动力供给相关的研究，非常强调理解个人在人力资本积累方面的决策。这些决策涉及婚姻市场、家庭内部以及特定形式的人力资本形成过程（如投资犯罪）等。这些开创性研究包含影响人力资本积累的全部决策过程，扩大了劳动经济学的传统范围。在梳理1990—2009年发表在经济学全球前五大期刊的劳动经济学论文时，可以发现劳动经济学前沿已发表的论文的组成结构正发生变化，与以下方面有关的论文数量大幅增加：①教育和人力资本的形成；②公司行为和人事经济学；③家庭行为；④犯罪（List & Rasul，2011）。这些论文数量的增加反映了劳动经济学研究正采用更广泛的数据和方法，比如，公司的人事数据和雇主与雇员匹配的数据集，以及从家庭收集的数据。对前三类论文数量的增加，实地实验收集一手数据的作用可谓功不可没。

关于人力资本积累的早期文献（如Becker，1975）主要探讨教育和培训等人力资本投资对收入和未来成就的影响。随着神经科学的发展，大量经济学、神经科学和发展心理学研究发现：

（1）大脑的结构和技能形成过程受到遗传和个体经验之间相互作用的影响；

（2）重要技能的发展和相应神经网络的形成遵循等级规则，后期发展建立在早期发展的基础之上；

（3）认知、语言和社会情感能力是相互依存的，一切都是由发育中的孩子的经历强有力地塑造，这些能力的培养都有助于儿童获得未来生活的成功（Heckman，2006）。这些研究表明，早期学习获得一定技能，可以产生自我强化作用，进而学习更多技能；早期获得的认知和社会情感技能可以让后期的学习更加高效且更容易坚持。这些研究引发学术界对人力资本投资的新思考：除了教育和工作培训，经济学还需要关注儿童早期的人力资本投资（Heckman，1999）。近十几年来，来自发展心理学、认知科学、神经科学、人类学、经济学以及对儿童早期实验项目测评的结果汇集在一起，得出一个十分一致且重要的结论：儿童早期发展不仅影响着个人发展的状态，而且影响着他们一生发展的轨迹,甚至影响到他们后代(中国发展研究基金会,2017)。

儿童的早期发展不仅十分重要而且具有较高的投资回报率。全球多个干预项目跟踪调查显示,儿童早期发展阶段每投入1美元,将获得4.1~9.2美元的回报,在美国,这一回报在7~16美元,其中佩里学前教育项目的估计年度收益回报率为6%~10%(Heckman et al., 2010),高于5.8%的股市回报率(从二战结束到2008年的股票市场回报率)。投资儿童发展比投资青年和成人教育培训更加有效,与学校教育阶段和成人继续教育阶段的投资回报相比分别有2∶1和3∶1(Carneiro & Heckman, 2003)。国际经合组织2010年发布的国际学生评估项目(PISA)的研究成果也证实儿童早期发展与人力资本投资对儿童未来学业和成就发挥的促进作用(Fleischman et al., 2010)。

对儿童早期发展的投资特别要关注出生于不利环境的儿童。不利的儿童早期环境和经历会阻碍儿童大脑的正常发育。有相当多的婴幼儿每天都面临巨大的风险因素,生活在困境之中。典型的风险因素包括营养不良、父母有心理问题、家庭暴力以及缺乏关爱等。2000年启动的罗马尼亚布加勒斯特早期干预项目表明,一些很早就脱离家庭、进入集体养育机构成长的儿童,以及因家庭贫困、破裂或是父母教养知识匮乏而无法得到合格养育的儿童,即使他们有了基本的营养供给和安全的照料,长期缺乏连续可靠的和养育者之间的社会性互动,会显著影响他们大脑的发展(Nelson et al., 2013; Sheridan et al., 2012)。长期处在这种情况的儿童,会对一些以依恋关系为前提的能力发展造成伤害,也很容易陷入有毒的应激状态(Tough, 2012)。

早期不利环境的影响不仅仅是缺乏经济资源,而是对儿童缺乏认知和非认知刺激,使儿童处于早期劣势。技能造就技能,学习带来学习。劣势也会累积,早期劣势如果置之不理,最终会导致后期的学业问题和社交问题。研究发现,成长于不利环境的儿童更容易犯罪、未婚先孕以及辍学(Heckman & Masterov, 2007)。Mayer(1997)通过考察儿童的表现与家庭收入的关系时发现,高收入家庭的儿童考试成绩更高;少女怀孕和高中辍学率与家庭收入呈显著负相关；贫困家庭的儿童在成年后的教育程度、收入及参与工作的概率都更低。对弱势儿童的早期人力资本投资将促进弱势儿童的认知和社会情感能力的发展，并增进健康和幸福。这种投资效果不仅可以通过各种渠道渗透到生命周期的全过程，还可以在代际传递。对弱势儿童的投资不仅具有经济效率，而且能减少因出生而造成的不公平(中国发展研究基金会，2017)。

3.2.2 儿童个性与成年后的劳动力市场表现

在21世纪之前，关于人力资本投资的研究主要强调通过学校教育和培训提升认知能力的重要性，一般是通过教育程度来代表个人的认知能力水平(Spence，1972)。随着认知能力测试(IQ test)的推广，大量研究发现认知能力不仅影响个人的教育水平和社会经济地位，而且会影响个人的其他社会行为，比如职业决策、家庭决策以及犯罪决策等(Devlin et al.，2013；Herrnstein & Murray，1994)。但是，学术期刊以外的常识是：动机，坚韧，可靠和坚持是人生成功的重要特征。现实中大量例子也表明，不少高认知能力(high-IQ)的人士因为缺乏自律不能取得人生成功，而一些低认知能力(low-IQ)的人士凭借毅力、可靠和自律取得了成功。人们不得不去思考毅力和自律等个性对人生成功起什么作用？个性与认知能力有何种关系？早期文献对个性对收入、教育以及人生成就的影响的忽视，主要源于缺乏测量个性的可靠方法。随着心理学发展出测量非认知能力的量表(Sternberg，1985)，不少研究开始探索个性对个人成就的影响。

Bowles & Gintis(1977)研究发现毅力、可靠性和持续性是学业成就的重要预测指标。Cawley et al.(2001)通过美国纵向青年调查数据(National Longitudinal Survey of Youth，NLSY)，考察收入与认知能力之间的关系时发现三个现象：一是认知能力对收入的影响存在种族和性别差异，事实上认知能力对收入的单纯影响并不强烈；二是认知能力确实与教育程度高度相关，它们之间的相互作用很难区分；三是控制住个体的认知能力，发现儿童时期的行为特点(比如自律、准时和不酗酒及不吸毒)与个体成年后的收入高度相关。

诺贝尔经济学奖获得者赫克曼(James·Heckman)一直试图去弄清楚美国教育和收入不平等的根本原因。Heckman & Rubinestein(2001)通过对美国普通教育发展证书(General Education Development，GED)获得者的研究发现非认知能力在决定个体的教育程度和收入方面具有重要作用。美国的GED证书是1942年开发出来，当时旨在帮助二战老兵快速恢复教育水平，随后适用的人群逐渐放开。未参加高中教育的人可以通过特定考试获得GED证书，证明他们具有与高中毕业生同等的学力。通过认知能力测试也可以发现，GED证书获得者与未上大学的高中毕业生具有相近水平的认知能力。对长达几十年的跟踪数据进行研究发现，GED证书获得者的收入水平却只相当于高中辍学生。因为GED证书获得者就"聪明才智"而言，与普通的高中毕业生并无区别，但他们普遍缺乏后者所具备的非认知能力。事实上，与普通高中毕业生相比，GED证书获得者的跳槽率要高很多；同时他们的离婚率也高很多；美国军队各分支机构还发现，与普通高中毕业生相比，GED证书获得者中途退伍的比例也高很多。GED证书获得者虽然聪明，却缺乏前瞻性的思考能力，坚持任务和适应环境的能力等一些非认知能力。这说明，认知能力和非认知能力对个体的决策和人生成就都会产生重要影响。

Heckman等(2006)采用NSLY79的跟踪调查数据考察认知能力与非认知能力对个体成年后收入影响的程度。其中认知能力是采用美国广泛使用的武装部队资格考试(Armed Forces Qualifications Test，AFQT)测量个体在读写、推理及运算等五个方面的认知水平；非认知能力则主要是测量了个体的自我控制能力(Rotter Locus of Control Scale)和自尊水平(Rosenberg Self-Esteem Scale)。研究发现，不控制住个体的教育程度的话(教育程度存在内生性问题)，个体的认知能力可以解释9%的工资差异，非认知能力可以解释近1%的工资差异。虽然认知能力比非认知能力对个人差异的解释程度更大，但两者对个体的未来成就都会产生显著影响。随后Heckman等(2006)建立了一个贯穿整个生命周期的经济决策模型，探索生命早期的认知能力和非认知能力对个体教育、就业、工作经验、职业选择以及工资水平的影响。通过这个决策模型,他们验证了 GED 证书项目的后果,以及 NSLY79 数据的研究结果。这也进一步为非认知能力会影响个体未来成就提供了模型和理论基础。

认知能力和非认知能力的形成主要有两个来源:一是先天遗传,二是后天培养。在后天培养方面,大量研究发现,父母在其子女的认知能力和非认知能力发展方面发挥着重要作用(Carneiro & Heckman, 2003; Cunha et al., 2006; Heckman & Masterove, 2007)。事实上,认知能力和非认知能力在生命早期就开始形成,不同个体的能力差异会累积并持续到成年。因此不同群体间未来收入及成就的差异从婴童时期就已经开始。这方面结论的核心证据主要来源于美国一些儿童发展干预项目,具体有两个项目:佩里学前教育项目(Perry Preschool Experiment)和启蒙教育项目(Abecedarian Project)。佩里学前教育项目是强化型的学前教育课程,学生来自 1962—1967 年出生在密歇根州低收入家庭的 123 名黑人儿童,从孩子平均 42 个月大(3.5 岁)时开始干预。项目将儿童随机分为实验组和对照组,对于实验组的儿童根据孩子的年龄和能力安排 30 周的课程,主要用来培养孩子的非认知能力。课程结束后对实验组和对照组的孩子进行追踪观察,直到他们 40 岁为止。启蒙教育项目的对象是 1972—1977 年出生于不利环境的 111 名儿童。该项目从孩子平均 4 个月大开始全天候干预,直到孩子 8 岁,随后进行追踪观察研究对象到 30 岁为止。启蒙教育项目的干预强度比佩里学前项目的要大很多。干预不仅帮助完善孩子的营养和能力发展,还协助家长提高抚育孩子的能力(Heckman, 2013)。

佩里学前教育项目和启蒙教育项目的结果都表明,相对于对照组,实验组儿童在成长过程中的学业表现及成年后的个人成就都显著更优,出现了一致的成功效果模式。在启蒙教育项目中,由于儿童特别早期(3 岁前)的认知能力的锻造性很强,对儿童早期的干预显著地提高了实验组儿童的认知水平。实验组和对照组儿童认知水平的差异可以持续到他们 21 岁的时候。在他们 21 岁的时候,实验组的儿童具有更高的高中学业完成率、大学入学率、更少抽烟以及找到更好的工作(Barnett & Masse，2002)。在佩里学前教育项目中，实验组儿童的认知能力一开始提高得很快，但到8岁时认知能力的增长逐渐停止。随着年龄增长，认知能力的测试结果已与对照组儿童没有显著差异。虽然实验组的儿童的认知能力并不比对照组的儿童高，但他们在14岁时的学业成绩更高，因为实验组的儿童在青少年阶段学习更加用功；在19岁时更可能完成高中学业、更少留级、更少依赖社保以及更易就业；在27岁时，收入更高、结婚率更高、并且更少犯罪(Belfield et al.，2006)。通过机制分析发现，这些成就源于佩里学前教育项目对儿童非认知能力的提升(Heckman et al.，2013)。事实上，佩里学前教育项目对儿童自律及自控能力的提升到儿童27岁时依然在发挥作用(Heckman & Lochner，2000)。

通过比较佩里学前教育项目和启蒙教育项目的成果，可以发现，认知能力很重要，但动机、毅力和自尊等非认知能力对于个人未来的成功也很重要。早期教育如果运用得当，其成效是可观的。越早进行干预，成效越好。后期干预的成效，在很大程度上取决于之前干预的质量。对于认知能力的提升，最好从婴儿时期就开始干预，因为认知能力在生命的早期就开始形成，智商的增长在儿童8岁左右就开始停滞，过了青少年时期就变得难以实现。对于社会情感能力等非认知技能，当然也是越早培养越好，但这些能力在20岁之前都还有可塑的空间。对于一些青少年时期弱势的儿童，错过了认知能力发展的窗口期，可以通过对非认知能力的培养来弥补因出生带来的劣势。此外，从投资回报率的角度看，佩里学前教育项目的投资回报率是最高的，美国30%的儿童干预计划已开始采用佩里学前教育项目的模式(Heckman et al.，2013)。

近年来，国内学者也开始关注儿童早期非认知能力发展对后期成就的影响。钟粤俊和董志强(2017)利用CLDS2012和CEPS2014调查数据，研究青少年时(14岁左右)意志力对个体成年后收入的影响。结果发现青少年时期拥有更强意志力的个体，在成年后的收入水平显著更高，尤其是工资性收入和经营性收入。这是因为，一方面意志力具有持续性，早期较强的意志力可以持续到成年后；另一方面，青少年时期的意志力可以帮助个人更专注学习,从而获得更高的教育程度和更健康的体魄。因此,锻炼和培养青少年意志力是家庭重要的人力资本投资。

闵文斌等(2019)采用 CEPS 2013—2014 年的调查数据,构建类似"大五人格"的非认知能力代理指标,考察农村青少年在学前时期的家庭经济地位以及幼儿时期父母抚养是否缺位对其青少年时期个性发展的影响。研究结果发现学龄前经历家庭贫困会显著降低农村青少年的社会情感、社会交往等非认知能力。而幼儿时期的父母抚养缺位对农村青少年的情绪稳定性等非认知能力指数也有显著的负向影响。这表明,生命早期的家庭经济地位和父母抚养参与共同构成了影响青少年非认知能力发展的关键性家庭环境因素。

3.3 竞争偏好对个体发展的影响

3.3.1 竞争行为的主要理论

竞争行为,最早可以追溯到查尔斯·达尔文(Charles Darwin)的"物竞天择,适者生存"的物种与种群竞争理论(Darwin,1859)。从生物学角度来看,竞争本质上是自然界各物种之间为自身或者种群的生存和繁衍而进行的一系列角逐。在经济学和社会学领域,竞争则更加明确为人类社会领域的竞争,是指经济主体在市场上为实现自身的经济利益和既定目标而不断进行的角逐过程(高建华,2007)。经济学家斯蒂格勒(George Stigler)对"竞争"做了如下描述:"竞争系个人(或者集团或者国家)间的角逐,凡两方或多方力图取得并非各方均能获得的某些东西时,就会有竞争"(伊特韦尔和陈岱孙,1992)。竞争的内在动力是经济主体对自身的经济利益的追逐。竞争对个人发展和社会进步具有重要作用。对个人发展而言,竞争可以帮助个人增强自尊、激发动机、发挥潜力和实现自我价值;对社会进步而言,竞争是人类社会不断向前发展的动力,能够提高效率。

竞争理论（contest theory）的经济学研究最早可追溯到20世纪80年代，先后出现了三个竞争理论模型：寻租的图洛克模型（Tullock），全支付拍卖（all-pay auction）和排序锦标赛模型（rank-order tournament）。图洛克模型主要用来研究研发比赛（R&D races）和寻租竞争等；在图洛克模型中，一方获胜的概率等于一方的努力除以所有人的努力之和。全支付拍卖主要用在拍卖领域、竞选和军事竞赛研究；在全支付拍卖中，出价最高（努力最高）的人确定获胜。在图洛克模型中，适当的参数设置经常会获得一个纯策略均衡，而在全支付竞拍中，最多只能获得混合策略均衡。大量实验研究都表明，在图洛克模型和全支付竞拍模型设置下，会出现过度竞争或过度出价行为。

排序锦标赛模型（rank-order tournament）多用在委托代理、合约设计以及劳动经济学领域。排序锦标赛模型最早由 Lazear & Rosen（1981）提出，随后由 Bull et al.（1987）首次用实验经济学方法验证。他们定义排序锦标赛模型中，个人的产出由个人的努力和一个平均分布的随机产出冲击决定，个人的决策为每轮选择自己的努力水平。Bull et al.（1987）的实验结果表明，锦标赛机制中个体的平均努力水平与 Lazear & Rosen（1981）模型中预测的相同，且与个体在计件机制下的努力水平相近，但在锦标赛机制中，个体努力水平的方差较大。随后大量经济学实验复制了这个结果。虽然理论模型证明锦标赛竞争中个体选择的努力程度与计件机制中个体的努力水平没有显著差异。但现实经济生活中的锦标赛竞争远比理论模型设置的复杂，早期大量的实验经济学研究首先改变锦标赛竞争理论模型中的参数设置和竞争的结构，比如竞争的人数、竞争者的异质性、内生性奖赏和竞争的外部性等，一方面检验锦标赛模型，另一方面也为锦标赛模型中的参数设置和结构设置积累丰富的研究成果。其中 Eriksson 等（2009b）的研究发现，让个体自行选择计件机制或锦标赛机制可以有效地降低锦标赛机制中努力水平方差过大的问题，且可以提升总体努力程度，起到激励作用。由于锦标赛机制在劳动经济学以及企业管理等领域应用非常广泛，除了最早的选择努力（chose-effort）的实验方法以外，更多人采用真实任务（real-effort task）锦标赛的实验方法。由于本书关注儿童的竞争行为，主要是基于竞争行为在未来劳动力市场的重要性。因此本书所有的研究采用的均是排序锦标赛模型。选择努力的实验方法对小学生来讲存在一定的理解难度，本书实验采用的均是真实任务锦标赛的研究方法。

近十几年来对锦标赛竞争模型的实验研究开始更多地结合现实生活，将研究拓展到更多的角度。从研究对象角度划分，对锦标赛竞争的研究主要分为三类：第一类是竞争参与决策，是近几年兴起地对动态竞争研究中的内生性竞争参与决策；第二类是研究竞争中个体的努力水平或表现，这类研究是最多的，最早的锦标赛理论模型也是考察个体的努力程度；第三类是研究竞争中出现的其他行为，是对竞争行为的拓展研究，如竞争中的拆台行为、竞争中的撒谎行为和竞争中的合谋行为等（Cadsby et al.，2010；Carpenter et al.，2010；Conrads et al.，2014；Harbring & Irlenbusch，2011），这些研究主要是探究竞争机制如何影响个体的其他决策。

3.3.2 竞争偏好与劳动力市场行为

随着行为劳动经济学领域对个性和自选择（self-selection）等个体微观行为的关注，研究发现内生性的竞争参与决策可以在一定程度上反映个体的竞争偏好。心理学研究认为，竞争偏好是指个体在对竞争的认知、态度、策略和动机等方面表现出来的较为稳定的心理倾向（岑延远和聂衍刚，2005）。而经济学研究发现，竞争偏好不仅是个体的一种个性特征，还会影响个体在劳动力市场上的决策，个体的竞争性甚至能预测个体未来的职业选择和收入差异（Buser et al.，2014；Buser et al.，2017；Reuben et al.，2015）。竞争偏好的差异可能是导致劳动力市场工资及职业发展性别差异的一个重要因素（Niederle & Vesterlund，2007）。

个体竞争偏好会影响人们对未来收入的预期。Reuben 等（2015）通过对纽约大学 257 名本科生进行实验室实验研究，考察个体的竞争偏好与大学期间的专业选择和未来的期望收入之间的关系。研究发现，个体的竞争偏好和过度自信水平显著影响个体对未来收入的预期，且在不同专业/职业选择内部均是如此稳健。但个体竞争偏好与大学专业选择关系不显著，一个可能的原因是，个体竞争偏好影响的是个体对职业所处的行业的选择，而不是狭窄的大学专业的选择。

Reuben 等(2015)随后对芝加哥大学布鲁斯学院的 MBA 学生进行实验研究，试图解释个体竞争偏好与企业高层管理者劳动力市场表现之间的关系。与对纽约大学的本科生进行研究相似，他们也分别通过问卷测度实验参与者的各种劳动力市场表现情况，个性情况以及个体特征等，通过实验测量实验参与者的竞争偏好和风险偏好等。此外，他们还通过学校管理系统追溯到实验参与者大学毕业时的第一份工作选择及起薪，并回溯其毕业后七年的职业发展路径。研究结果发现，个体竞争偏好与个体的收入水平显著相关，且个体竞争偏好可以很大程度地预测个体首次就业的行业选择，以及未来多年的行业选择。

个体的竞争偏好是不是从更早的时候就开始影响人们的职业预期和学业选择呢？Buser 等(2014，2017)分别追溯到个体的初中时期的专业选择。他们以荷兰的初中生和瑞士的初中生为研究对象，考察个体竞争偏好与专业选择之间的关系。荷兰的初中生在初三时需要在四个学习轨道之间进行选择：科学轨道、健康轨道、社会科学轨道和人文轨道。这四个领域在数学强度和学术声望方面的排名如下(按降序排列)：科学、健康、社会科学和人文科学。这种对学术轨道的选择与成年对高等教育专业的选择密切相关。研究结果发现个体的竞争偏好与所选学术轨道的声望、数学和科学强度显著正相关。而瑞士的初中生则在初中三年级时需要选择是进入职业学校还是学术学校。对于决定进入学术学校就读高中的学生，他们必须在初三时选择以下专业之一：物理和数学；生物学和化学；经济学和法学；古代语言；现代语言；音乐和艺术；哲学、教育学和心理学。Buser 等(2017)通过对学术学校的专业选择与个体的竞争偏好进行匹配，结果与荷兰初中生的结论一致，竞争偏好与个体选择数学密集型专业显著相关。

3.3.3 竞争偏好的测度方法

对非认知能力的测度,经济学家普遍采用实验方法估计偏好的参数,如时间偏好、风险偏好、利他偏好以及社会偏好等,来解释个人的行为。心理学则主要是通过人格测度量表,比如大五人格测度量表,来测量个体的个性(Heckman & Kautz,2012)。行为劳动经济学近些年开始吸纳心理学中有关个性的思想,来探索个性对个人行为和决策的影响。但直接将心理学个性测度量表的结果应用到经济学中,而不去仔细甄别量表实际测度的内容是一种危险的做法(Borghans et al.,2008)。经济学方法测度的重点是人们实际思考、感受和行动的个体差异,而不是人们想要思考、感受和行动的方式。正如本章第一节对行为劳动经济学研究方法的讨论中指出,经济学实验方法与心理学量表测度方法是相互补充的关系(Becker et al.,2012)。将经济学方法与人格心理学的思想和知识相结合研究儿童早期非认知能力或个性的发展对个体未来成就的影响仍有很多工作要做。

儿童的竞争偏好是本书的核心,本书采用经济学实地实验方法,通过真实激励诱导出个体真实的竞争偏好水平。实验设计三轮游戏:第一轮为计件游戏,测度儿童在非竞争情景中的表现;第二轮为锦标赛竞争,测度儿童在竞争情景下的表现;第三轮为竞争选择,让儿童在计件和竞争玩法中选择一种玩法,再根据他们自己的选择开始游戏。通过控制儿童第一轮和第二轮的表现,比较第三轮的选择可以反映儿童的竞争偏好差异。

行为劳动经济学的研究方法主要有两种,一种是理论建模,即通过将个体的行为偏好引入传统经济学模型中,进而建立新的理论模型;另一种是通过经济学实验检验理论模型或者探索新的经济行为。实验方法是自然科学和社会科学各学科发展到一定阶段所共有的研究方法(高鸿桢,2003)。新古典经济学中的很多假设是未经实验验证的,在经济学中引入实验方法是必然的结果。行为与实验经济学的崛起导致了行为劳动经济学中实验方法应用的激增。实验方法的传播可能源于劳动经济学悠久的实证研究传统,新的方法可以为劳动经济学带来新的经验见解。

实验性正成为行为劳动经济学研究一个典型特征。经济学实验方法主要包含两种类型：实验室实验（laboratory experiment）和实地实验（field experiment）。实验室实验是把现实社会经济环境抽象为实验室中一个可操纵的微观经济环境，通过情景和制度设计，控制住其他变量，以实现对目标变量的定量测度（周业安，2015）。过去20年的经济学文献见证了实验室实验的爆炸性增长。这些实验室实验许多都集中在对劳动经济学领域至关重要的主题上，比如各种工资补偿机制对工人行为的影响以及劳动力市场的歧视、谈判和匹配行为等（Charness & Kuhn，2011）。实验室实验方法的核心优势是能够更好地控制外生变量来检验其与因变量之间的因果关系。相比之下，现实世界中，在很多外生变量同时变化的情况下，检验这种因果关系是相当困难的。实验室实验方法这一特点对于检验经济学的理论和假设具有先天优势。因此，早期的行为劳动经济学研究主要是采用这种研究范式。实验室实验的另一个比较优势在于研究现实生活中难以测量或观察的行为，比如非法行为、使坏行为、歧视以及报复等。

一个控制良好的实验室实验可以解决研究的内部有效性，但同时也会面临外部有效性的挑战。一方面，实验室实验的参与者大多数时候是受过良好教育且拥有较少社会经验的大学生，这与现实环境中的决策者有一定的差异；另一方面，实验者观察效应（霍桑效应）、实验酬金以及抽象的假设性实验任务等因素都可能影响实验结果。针对实验室实验的这些局限性，可以通过实地实验、双盲设计、与现实机会成本挂钩的酬金以及"实际努力"实验任务（real-effort task）来完善和补充（杜宁华，2017）。

实地实验，也被称为田野实验或现场实验，是指通过科学的实验方法去检验真实世界的经济行为（罗俊，2014）。Harrison & List（2004）通过六个因素[①]将实地

---

① 六个因素分别为：（1）实验参与者的特性；（2）参与者带入实验任务中的信息的特性；（3）实验中交易物品的特性；（4）实验任务或交易规则的性质；（5）实验报酬的性质；（6）实验环境的性质。

实验划分为三种不同类型：人为实地实验(artefactual)，框架性实地实验(framed)，自然实地实验(natural)。人为实地实验是指除了招募非标准的被试(大学生)以外，其他操作与实验室实验相同；与人为实地实验相比，框架性实地实验进一步将交易物品、实验任务、实验报酬以及被试者自带的信息设置在一个现实环境中，实验参与者了解自己正在参与实验，并且自己的行为会被观察和记录；自然实地实验则完全将参与者置身在一个自然发生的任务环境中，参与者并不知道自己是实验的一部分。①

List(2009)和Levitt & List(2009)赞扬实地实验的价值，指出实地实验是连接实验室实验与现实环境的重要桥梁，有助于解决实验室实验研究的外部有效性问题。与实验室实验相比，实地实验的重要价值在于，它通常涉及更广泛的个人和人口统计特征，可以捕捉到更真实的经济行为(特别是在参与者不知道正在进行实验的环境中)。实地实验一方面可以提供一些必要的行为原则，帮助从实验室或自然发生的数据中进行更清晰的推断；另一方面，实地实验可以协助确定实验室实验或自然实验的研究结果的适用范围(List & Rasul, 2011)。

然而，实地实验也具有一定的局限性。一是，实地实验的复制相对困难。因为有许多实地实验是机会主义的，需要外部实体或从业者的合作，或者详细的知识和操纵特定市场的能力才能开展和复制。二是，与实验室实验相似，实地实验的样本也可能存在自选择问题。这包括实验参与者、组织以及进行实验干预的非随机性。这些局限性归根结底就是实地实验存在一定的外部有效性问题。实地实验也难以避免地要在理解特定环境的具体情况和他们的研究结果的普适性之间进行权衡。通过考察异质性来源或结合基于外生变量的实证模型去预测实验处理效应，再或者通过在略微不同的经济环境中进行相同的实验设置，可以部分缓解这个外部有效性问题。此外，与实验室

---

① 自然实地实验与实证研究中的"自然实验"(natural experiments)有所不同。在自然实地实验中，研究者是实际控制住分组的随机性，然后对比随机分组之间的行为差异；而在"自然实验"中，研究者则是通过找到"与随机分配一样好"的现有数据的变异来源(Angrist & Krueger, 2001)。此外，在自然实地实验中，研究者是从一开始就密切参与并收集初级数据，这些有助于帮助直接揭示导致因果效应的潜在机制。

实验相比，实地实验的花费一般很高，且对实验人员的技能有更多要求，除了需要具有实验设计和评估方法的相关知识技能，还需要具有识别日常现象中隐藏的实验机会的能力，一定的人际交往能力、以及管理实验涉及的各方团体的复杂关系的能力。

随着应用经济学研究越来越倾向于收集初级数据，以及政策制定者需要与政策执行者建立更紧密的互动，实地实验在行为劳动经济学中的使用越来越多。在2000—2010年的十年，在顶级期刊发表的劳动经济学主题的论文中，有25篇采用了实地实验方法，主要集中在研究数量较少的几个劳动经济学子领域中(List & Rasul, 2011)。在这25个已发表的实地实验研究中，有3个框架性实地实验是关注儿童早期教育投资的，3个自然实地实验侧重于特定劳动力市场机制的评估，5个自然实地实验探索企业内部的激励机制设计；其他子领域如工资及劳动力市场歧视研究也开始从实验室实验向实地实验发展。

实验室实验和实地实验是不同的工具，每一种方法都有自己的优势和劣势，适用于不同的目的。实验室实验擅长检验理论和识别处理效应，同时也可以提供一些有用的定性见解。实地实验则旨在测试经济理论或政策，收集对构建理论有用的经济事实，以及收集并测量经济理论中的相关参数等(Charness & Kuhn, 2011)。正如Runkel & McGrath(1972)在对包括实验室实验和实地实验等8个不同研究方法的特点进行讨论时指出："我们不得不强调，没有任何一种研究方法会比另外一种研究方法在自然或科学上获得更多的青睐"。实验室实验和实地实验是互补的而不是替代的关系。在实际科研中，应该使用最合适的工具或方法来完成选择的研究主题。

3.4 儿童成长经历与竞争偏好形成

3.4.1 儿童竞争偏好的发展

儿童在成长过程中逐渐建立对自我能力的认知，对自我能力的判断是一个社会互动的过程。通过在日常生活中与他人或自己的之前的成绩,或某个标准进行比较,儿童从比较中获得成功与失败的信息反馈,判断自己与他人的能力差异,逐渐形成自己能力的信念(张利莉,2005)。这种信念会影响自己后续的行为和决策(Ruble & Frey,1991)。研究表明,儿童3岁时就已经能够对自己先前的成绩信息进行加工并做出客观的判断(Stipek & Hoffman,1980),4岁时就能够利用社会比较信息判断自己的成绩和能力,并在成功和失败时表现出相应的情绪(Stipek et al.,1992)。7岁的儿童会在决策中权衡行为的成本和收益(Gregan-Paxton & John,1995)。8岁的儿童在讨价还价实验中已经表现出与成人相似的策略选择和反应(Harbaugh et al.,2007)。正如John(1999)梳理儿童研究的文献时指出:"儿童到8岁的时候会对他们的选择表现出更多的思考,做出的决策在当时的任务环境下看上去相当合理。"

儿童的竞争行为是儿童社会化的一个重要方面。社会心理学在20世纪初开始对竞争行为进行研究,国内的研究从20世纪80年代才开始。早期的研究主要是将竞争和合作作为两个变量,非此即彼,研究个体在不同目标结构和情境下,个体是选择竞争还是选择合作。对儿童的竞争和合作的理论探索主要是Deutsch(1949)提出的竞争与合作的目标结构理论。他认为,人究竟表现出竞争行为还是合作行为,是由目标结构(goal structure)驱动的。对竞争还是合作的选择主要受目标结构和奖励结构的影响(李晓东,1991)。目标结构即个体所处的情境,比如设置的实验情境是竞争的还是合作的。在合作目标结构中,个体之间的目标实现之间存在一种正相关。若群体中其他人能实现目标,则个体也能实现自己的目标。因此,个体就追求一种对所有人都有益的结果。在竞争目标结构下,个体的目标与群体的目标是互斥的,个体会追求对自己有益但对与之有竞争关系的其他人不利的结果。Ausch(1994)的研究表明,在合作游戏中,儿童的合作行为增多,攻击行为减少;而在竞争游戏中,儿童的攻击行为增多,合作行为减少。归根结底,在不同的情景下,儿童的行为会发生策略性改变。

实验的奖励结构也会影响儿童的竞争与合作选择。奖励结构主要指以个人绩效还是以团体绩效作为奖励标准。Azrin & Lindsley(1956)研究发现如果儿童选择合作可以获得奖励时，儿童的合作行为会增加，但随着奖励的取消，他们的合作逐渐减少。Mithaug(1969)和 Mithaug & Burgess(1968)研究根据个人绩效还是根据团队绩效给予奖励时，儿童表现出不同的合作倾向；通过团队奖励可以显著增加儿童间的合作行为，团队奖励显著增强了与他人合作和相互间的责任感。也有研究发现，当奖励差异有利于对方时，多数被试会降低合作反应，而当这种差异有利于自己时，被试则会增加合作反应(蒋波，2003)。在21世纪，随着研究的深入，人们不断认识到竞争与合作是两个交叉的维度，而不是一个维度的两个极端。竞争和合作是最基本的社会交往形式，竞争是绝对的，合作是相对的。自此，经济学和儿童心理学也开始对竞争和合作分别展开研究。

3.4.2 影响竞争偏好形成的因素

儿童在3岁时就开始表现出竞争意识，到6岁左右就能够对竞争行为进行分析判断(critical judgments)(Greenberg, 1932)。早在学前时期，儿童的竞争偏好就存在明显的个体差异，这种差异随着年龄增长而增大，且个体间这种差异在时间上也相对稳定(Sutter & Rutzler, 2014)。对这种差异的解释主要有两个观点：一种观点认为，个体间竞争偏好差异由基因、激素等先天因素不同所造成(Apicella et al., 2011; Buser, 2009; Wozniak et al., 2009)；另一种观点则认为，人们为了更好地适应周边环境，会倾向于模仿并学习在群体中比较成功的行为模式，个体所处环境的文化不同才是个体间竞争偏好存在差异的主要原因(罗俊，2013)。两种观点都有证据，这可能说明个体竞争行为同时受到了先天和后天、基因和文化双重影响。

影响个体竞争偏好发展的后天因素有很多种。在宏观方面，儿童成长的社会、经济、文化和制度环境等都会影响儿童的竞争偏好。早在20世纪中后期就有研究表明，农村儿童比城市儿童，经济落后国家比经济发达国家的儿童更多地表现出合作关系(Miller & Thomas，1972)。Yeoh & Yeoh(2018)发现，在马来西亚的华人比马来西亚土著居民更加偏好竞争。Domino(1992)对比了中国广东儿童和美国本土儿童，发现美国儿童比中国儿童更加偏好竞争。Wiesfeld et al.(1982)研究一个以父亲为中心的文化和一个以母亲为中心的文化下的青少年的竞争行为，他发现，当女孩在与男孩进行竞争游戏时，不管来自哪种文化背景，高技能的女孩都表现更差，而男孩则都表现出更加努力的趋势。Zhang(2018)通过对中国云南的汉族、父系氏族彝族和母系氏族摩梭人的高中生的研究发现，汉族中女性的竞争参与率显著高于少数民族的女性，甚至略高于彝族的男性。这是因为中华人民共和国成立以来，汉族中长期对女性重要性的制度和观念推广(比如"女性顶起半边天"等)。

在微观方面，儿童成长的家庭环境、父母教养方式和在校的同伴环境等都会影响儿童的竞争偏好。已有研究表明，父母社会经济地位高的儿童比父母社会经济地位低的儿童更倾向于参与竞争；家庭社会地位较高的儿童中存在男性比女性更加偏好竞争的现象，在家庭经济地位较低的儿童中不存在竞争偏好的性别差异；此外，父亲的家庭经济地位对男童的竞争偏好产生显著正影响，母亲的家庭经济地位对儿童的竞争偏好没有显著影响(Almas et al.，2015)。有研究表明，良性竞争态度和情感与躯体虐待、性侵犯呈显著的负相关，与关爱、同伴数量、同伴友谊呈显著的正相关(陈晓露，2015)。在校的同伴环境也会影响儿童的竞争偏好，比如 Booth & Nolen(2012)研究儿童在校的性别环境时发现，在女子学校就读的女孩比在混合性别学校就读的女孩更加偏好竞争，甚至比在混合性别学校就读的男性更加偏好竞争。

童年经历和父母教养方式也会影响儿童成人后的竞争态度。李斌和岑延远(2008)研究父母教养方式对大学生竞争意识的影响时发现，父母的情感温暖理解有助于培养个体竞争动机。其中母亲的养育方式对个体的竞争倾向形成影响不大，但父亲的养育方式对个体的竞争倾向会产生重要影响。因为在儿童眼里，父亲是权威的代表，其言行举止更容易影响孩子对竞争行为的认识和态度；此外，父亲也更倾向鼓励孩子通过竞争去争取成功，从而使他们更愿意参与竞争性活动。

儿童的竞争行为可能存在性别差异。对儿童竞争行为性别差异的研究没有得出一致的结论。大部分研究发现儿童竞争行为不存在性别差异，但也有部分研究得出不同的结论。Sutter & Rutzler(2014)考察了3~18岁的奥地利儿童和青少年的竞争行为，发现儿童在3岁读幼儿园时便出现了竞争偏好的性别差异，在各年龄段，男性都比女性高约20%的比例选择参与竞争。类似的，不少对发达国家儿童的研究发现，在以色列、瑞典、挪威和英国等国家各年龄段都发现了儿童的竞争偏好存在性别差异。但在中国、哥伦比亚和亚美尼亚等国家的儿童研究中并未发现儿童竞争偏好存在显著的性别差异(Cardenas et al., 2012; Khachatryan, 2012; Zhang, 2018)。Madsen & Shapiral(1970)的研究表明，城市男孩的竞争性高于城市女孩的竞争性；在与男孩竞争时，女孩总是倾向于降低自己的表现水平。Gneezy & Rustichini(2004)和Dreber et al.(2011)通过行为实验考察男女儿童竞争行为的差异时也发现，男孩比女孩更偏好竞争，而且男孩在竞争过程中的表现也提升较多。Weisfeld等(1987)研究发现，在竞争性游戏中，女孩表现出更少的竞争行为；随着游戏时间增加，男孩和女童的竞争行为都逐渐增加，这说明女孩在参与竞争前需要的准备时间更长，而男孩则更容易快速进入竞争状态。

竞争偏好出现这种国别差异的原因主要有两个，一是文化环境和社会发展程度不同，比如Schmitt等(2008)通过对全球55个国家的男女在人格特质方面差异的研究发现，在繁荣、健康、平等的文化环境中生存的男女在人格特质方面的性别差异更大，这种环境下女性拥有更多与男性相同的机会。因此，儿童在竞争偏好方面的性别差异可能受文化和社会发展程度的影响。二是竞争偏好的性别差异出现的时间早晚不一，与Sutter & Rutzler(2014)发现奥地利儿童3~4岁就出现竞争偏好的性别差异，Andersen等(2013)在印度的研究发现，个人到青春期才出现竞争偏好的性别差异，且随着个人年龄增长，男女之间的竞争偏好差异一直存在且不断增大。Kagan和Madsen(1971)的研究也发现，随着儿童年龄增长，竞争行为不断增加。李晓东

(1991)研究目标结构对6~9岁中国儿童的竞争和合作行为的影响,发现随着儿童年龄增长,儿童的合作行为并没有显著增加,而竞争行为则随着年龄增长出现明显增加。总的来说,关于儿童竞争偏好性别差异的跨国可信结论并不一致,差异出现的年龄段也各不相同。

儿童的竞争经历也会对儿童的其他行为产生影响。Barnett 和 Bryan(1974)研究前期游戏的竞争性特点如何影响后续的捐赠行为,研究发现前期的竞争性经历会显著影响美国儿童的慷慨行为。在竞争游戏中失败的儿童表现出较少的捐赠行为,而竞争获胜的儿童则与完成非竞争性游戏的儿童在后续的捐赠行为上没有显著差异。秦金亮(1993)研究发现,在前期经历合作体验的儿童比具有竞争体验的儿童在后续的行为中表现出更多的利他偏好。Johnson 和 Johnson(1987)研究表明,与竞争性的学习情境或者单独学习相比,互相合作的学习情境更受学生偏好,同时成绩好的学生在合作学习中也更容易发展出合作技能和友谊。事实上,来自儿童社会性发展方面的研究证明,儿童的合作行为、利他偏好与亲社会行为与同伴接受正相关(崔丽莹,2011)。

3.4.3 竞争参与决策的实验研究

竞争参与决策研究是近十年来竞争领域研究的热点。最早进行竞争参与决策实验研究的是 Fullerton 等(1999),他们的实验基于 Taylor(1995)的创新锦标赛模型,他们发现个体会基于参赛人数、奖赏价值和成本函数计算成本和收益并做出是否参加创新竞争的最优决策。Eriksson 等(2009b)设计一个实验,让个体在排序锦标赛竞争报酬设置和计件报酬设置间选择,研究发现50%左右的被试会选择参与竞争,同时他们还发现越少风险规避的人就越少选择参与竞争。Dohmen & Falk(2011)采用类似的方法,让被试在四种报酬结算方式中选择自己的报酬结算方式,包括固定报酬、计件工资、锦标赛竞争和收入分享方案。实验结果表明,个体在四种报酬结算方式间的选择存在系统性的偏好差异。当选择是在固定报酬和锦标赛之间进行时,偏好风险、产出更高并较为乐观的个体会更倾向选择参加锦标赛竞争。关于风险偏好对竞争参与决策的影响，Sutter & Rutzler(2010)采用一系列博彩游戏在9~18岁的儿童中测度风险偏好，发现控制风险偏好并不会改变多少竞争参与的性别差异。Datta et al.(2013)通过问卷调查测度个体的风险偏好，发现女性中选择参与竞争的比选择不参与竞争的具有更低的风险规避倾向。Bartling et al.(2009)采用一个真实任务实验，研究影响个体在计件报酬和锦标赛竞争报酬间决策的社会性偏好。他们发现不平等规避的个体更少选择参与锦标赛竞争。同时Balafoutas等(2012)研究也发现不平等规避和充满怨恨的个体更加规避参与锦标赛竞争。这表明，竞争偏好可能与个体的其他经济偏好有一定相关性。未来可以探索竞争偏好与其他经济偏好的关系，并尝试去分离竞争偏好与其他经济偏好的影响。

Gneezy等(2003)发现男性和女性在竞争环境下的绩效表现存在显著差异。他们通过设计一个迷宫游戏，考察男性和女性在非竞争情境和竞争情境下的绩效水平，发现在非竞争情境下男性和女性的绩效没有显著差异；而在竞争情境下，男性的绩效表现显著优于女性，这表明竞争机制可能对男性和女性产生不同的效果。这个研究结论引发了学者们对竞争偏好差异的原因和后果的探讨。一个猜想是，男性和女性在竞争参与方面可能就存在不同的偏好，女性可能本身就不喜欢参与竞争，因此在与人竞争时无法更好发挥才能。

对竞争参与行为存在性别差异的猜想引发Niederle & Vesterlund(2007)对竞争行为的后续研究。Niederle & Vesterlund(2007)设计一个五位数相加的运算游戏实验，实验中个体需要在锦标赛竞争和计件报酬间选择，实验还考虑了个体的竞争表现、个体相对表现的信念以及风险偏好等可能影响竞争参与的因素；研究发现男性显著比女性更加偏好参与竞争。这篇文章旨在为解释劳动力市场工资和晋升的性别差异提供一个新的视角，即在竞争激烈的市场环境中，女性可能由于不喜欢参与竞争而获得更低的工资和更少的晋升。随后迅速涌现出大量关于竞争参与行为的性别差异的研究，其中大部分研究得出了相似的结论(如Balafoutas & Sutter，2010；Cason et al.，2010；Dargnies，2011；Healy &

Pate, 2011; Price, 2012; Sutter & Rutzler, 2010; Wozniak et al., 2009)。从实验结果来看,影响竞争参与决策的因素可能有个体在竞争中的能力表现、个体对自身相对排名的信念、自信程度、社会性偏好和风险偏好等。

不少西方文献对竞争参与决策研究发现,男性比女性更加偏好参与竞争,但在一些发展中国家包括中国的成人和儿童竞争偏好研究却发现女性并不会比男性更规避竞争(Booth et al., 2016; Chen et al., 2015; Leibbrandt et al., 2013; Niederle & Vesterlund, 2007; Zhang, 2018)。因为个体或群体成长的社会、经济、文化环境也可能会影响竞争参与决策。Gneezy et al.(2009)通过在两个不同的社会环境下——坦桑尼亚的父系氏族和印度的母系氏族——研究竞争偏好的性别差异,他发现,在父系氏族社会中,与西方研究一致,男性确实比女性更偏好竞争;而在母系氏族社会中,女性则更偏好竞争。国内对竞争偏好的性别差异研究结果也不同于西方。Chen et al.(2015)通过对深圳大学本科生进行全支付竞拍研究发现,女性比男性出价更高,表现出更高的好胜心。此外,宏观经济制度也会对竞争偏好产生影响,Booth et al.(2016)研究发现,成长在计划经济体制下的北京女性比男性更愿意竞争,同时也比成长在市场经济环境下的台北女性更愿意竞争。Leibbrandt 等(2013)通过一系列田野实验来比较生活在个人主义社群的渔民与生活在集体主义社群的渔民在竞争偏好上是否存在显著差异,发现个人主义社群中经验越丰富的被试竞争偏好越强,而集体主义社群中经验越丰富的被试竞争偏好却越弱。

已有的研究中的竞争参与主要是与别人进行的社会竞争。在资源有限的情况下,社会竞争是每个人在社会或群体中生存难以避免的。在劳动力市场中,就业以及晋升都面临与别人进行竞争。而社会竞争偏好在个体和不同群体间存在差异,规避社会竞争的个体在社会竞争环境中可能表现得更差(Gneezy et al., 2003; Shurchkov, 2012)。从机制设计的角度看,如何设计一个机制去激励规避参与社会竞争的群体呢? Apicella et al.(2017)发表在 *American Economic Review* 上的文章就探讨了在社会竞争和自我竞争设置下的竞争偏好的性别差异。他们沿用了 Niederle & Vesterlund(2007)的实验范式,并增加一个与自己竞争的设置(与自己过去的表现比赛)，结果发现，在社会竞争中规避参与竞争的女性，在自我竞争设置下，与男性一样积极参与竞争。Klinowski(2017)采用与Apicella等(2017)的研究相似的设计，也得出了相近的结论，即在自我竞争情境下，竞争参与决策并不存在性别差异；与Apicella等(2017)不同的一个结论是，Klinowski(2017)发现风险偏好和自信程度与个体的自我竞争参与决策显著相关。Carpenter等(2018)进一步将社会竞争和自我竞争放一起让个体选择，研究发现女性确实更显著的选择参与自我竞争而不是社会竞争。此外，他们还发现个体的兄弟个数以及父母的教育程度显著影响个体选择社会竞争。父亲教育程度越高且兄弟个数越多的个体倾向于更积极参与社会竞争，这表明家庭中的男性可能对个体竞争偏好的形成影响更大。

综上可知，竞争偏好已经成为继风险偏好、时间偏好和社会偏好后又一新的个体经济偏好，引起了学术界的广泛研究，也积累了丰富的研究成果。竞争偏好早期主要通过与他人竞争的社会竞争参与决策来衡量，近两年又发展到关注与自己竞争的自我竞争参与决策研究。社会竞争和自我竞争都有助于促进个体不断提升自己的绩效表现，但与自我竞争相比，社会竞争更加复杂，不仅涉及个体自我提升的动机强弱，还涉及社会互动和社会交往。因为社会竞争和自我竞争存在于现实中的不同情境中，对于个体来说，社会竞争和自我竞争都非常重要。以上主要回顾了对成人竞争偏好的实验经济学研究，不同国家的学者已经开始对儿童的竞争偏好进行研究。关于儿童竞争参与决策的研究将在本章后面详细回顾，此处不再赘述。

3.5 胜败经历与竞争偏好发展

3.5.1 胜败经历对竞争参与行为的影响

经济学、管理学、心理学和社会学等学科都对个人经历成功与失败后的反应进行了相关研究。经济学和管理学的研究侧重在成功与失败等相对表现信息反馈对个体后续经济决策、努力程度和产出水平等经济行为的影响；而心理学的研究则侧重在个体经历成功与失败后的情绪以及反应方式，并探究导致情绪及反应方式背后的心理因素。此外，经济学、管理学和心理学研究发现成功与失败经历对个体的影响存在性别差异。

经济学和管理学对个体后续竞争行为影响的研究并不是很多，主要集中在对成人后续寻求挑战和退出竞争的行为进行探索，对儿童的研究很少。Buser(2016)研究竞争成功与失败经历对大学生后续寻求挑战行为的影响，发现在第一轮随机配对获得成功与失败的反馈后，失败者在第二轮会寻求更高的挑战，设定一个更高的个人目标。但在第二轮任务中，失败者会经历更多的失败，呈现更低的目标完成率，最终比成功者在第二轮获得更低的报酬。失败对个体目标设定的影响存在性别差异，失败的男性比成功的男性变得更加寻求挑战，女性面对挑战则降低她们的表现。Brown 等(1998)研究销售员的竞争个性、目标设定和销售业绩的关系时发现，目标设定与个体的竞争个性有关，偏好竞争的个体会设定更高的目标，规避竞争的个体会设定较低的目标。Niederle & Yestrumskas(2008)设计了一个可以在获得能力反馈后选择后续任务难易程度的实验，探究能力反馈对个体后续任务选择的影响。他们发现在获得能力反馈后，即使在前期任务中男性和女性的能力相当，在后续任务中男性比女性多50%的人会选择较难的任务。John(2017)通过对马来西亚高中生进行实验研究发现，整体上男性比女性更加偏好竞争。但当面对更强劲的竞争对手时，男性受到显著影响出现表现下降，而女性并没有出现表现下降的情况，说明在面对更难的竞争时，男性的表现比女性更容易受到影响。

Heine 等(2001)在研究失败对大学生后续行为影响的文化差异时，发现与北美大学生相比，日本大学生在经历前面任务失败后，在后续类似任务上的坚持性较高，表现出典型的自我提升定位。与成功者相比，失败者对后续任务更加重视。失败对北美大学生的影响则表现出完全相反的效应。在后续任务选择方面,日本大学生中失败者更可能选择与先前类似的任务,而成功者则更可能选择与先前不同的任务。Fershtman & Gneezy(2011)通过对小学10年级的男孩进行60米跑步比赛任务,研究直接竞争与非直接竞争对儿童竞争退出行为的影响。直接竞争设置中儿童可以随时获得对手表现情况的反馈,在直接竞争下,儿童更容易放弃竞争,或者中途退出比赛。Muller & Schotter(2003)通过设计一个静态博弈实验,博弈双方对努力程度进行选择,研究发现当获得对手的能力反馈信息后,在接下来的锦标赛竞争中,低能力的参与者更多地选择退出游戏,或者选择一个较低的努力程度。

3.5.2 胜败经历对个体努力和产出的影响

经济学和管理学研究成功与失败经历对个体后续努力程度和产出的影响,但未获得统一的结论。很多研究表明成功与失败的评价可以激励员工提升表现,认为成功经历有正向激励的作用,失败经历有负向激励作用(Boggiano & Barrett,1985)。但也有研究发现胜败反馈并不一定总是能为组织带来更好的产出,因为有些反馈会对员工的自尊造成负面影响(Smither et al.,2005)。Kluger & DeNisi(1996)通过对反馈机制进行元分析发现,大部分文献都支持胜败反馈会提高个体的表现,但也有1/3的研究发现反馈降低了个体的表现。

Kuhen & Tymula(2012)通过一个回答数学问题的任务研究相对表现信息反馈对个体的努力程度的影响。他们发现即使是采用固定报酬机制,在每一轮获得相对表现信息反馈的个体在下一轮倾向于做出更多正确回答,即获得反馈比不获得反馈更好,获得反馈的个体会更加努力,即使这种努力不会获得额外的报酬。他们认为获得相对信息反馈时个体更倾向于将当时的情境看作一个比赛从而投入更多的努力。此外他们还发现超过预期排名的反馈会使个体减少努力但期望更高的排名,低于预期的排名反馈使个体增加努力但降低排名预期。

Berger & Pope(2011)通过对18 000多场真实的专业篮球比赛数据进行分

析，并设计一个受控实验研究失败对个体或团队后续成功概率的影响。研究发现前半场比赛的一点落后反而会增加比赛最终获胜的概率。与无反馈相比，个体在获得前半场略微落后的反馈时会在后半场增加努力，而获得前半场略微领先的反馈的个体则不会在后半场减少努力，只是保持与前半场相近的努力程度。Azmat & Iriberri(2010)通过对高中生进行实地追踪实验研究，发现为高中生提供相对成绩信息反馈会在一个较长的时间内逐渐提升学生的成绩，这种提升在不同成绩分布的学生中都有显著体现。Arline(1978)通过考察美国5年级小学生失败后的行为表现，发现与没有反馈相比，获得失败反馈的儿童都显著提高了自己的表现，且儿童对任务结果的预期并不会影响儿童在任务中的表现。Freeman & Gelber(2010)通过研究竞争对手成绩信息反馈和报酬机制对大学生个体表现的影响，发现在竞争性报酬机制和有对手成绩信息反馈的实验设置下，个体的表现是最好的。此外有对手成绩信息反馈激励了低能力的个体增加努力，在第二轮显著提高了表现；获得对手成绩信息反馈的高能力个体在第二轮的表现与第一轮相近。

不少研究也发现成功与失败反馈可能对失败者产生显著的负面影响。Gürtler & Harbring(2010)通过建模和受控实验研究能力差异反馈对个体后续努力的影响，发现当反馈个体之间存在显著的能力差异时，个体会认为他与对手之间存在明显的差距，因此降低努力。Eriksson等(2009a)首次考察在竞争情境和非竞争情境下，成功与失败反馈对个体行为的影响。他们发现与无胜败反馈相比，胜败反馈并未显著改变个体的产出，但在胜败反馈下，表现优异者并未降低产出，表现落后者虽然未减少努力，但在表现中出错率增加。他们还发现在获得相对信息反馈后，在接下来的竞争中，女性显著比男性增加更多的努力。Gill & Prowse(2014)通过对大学生经历成功或失败后的竞争行为研究发现，男性和女性在经历失败后都会减少努力。女性在经历大金额和小金额的失败后都会减少努力，但男性则只在经历大金额的失败后才会减少努力。Goltsman & Mukherjee(2011)设计一个实验，研究在晋升中的双人锦标赛中，中途公布双方相对表现信息对个体的产出会产生什么样的影响。他们发现中期反馈会导致个体策略性行为导致前期或后期努力减少，最优的反馈方式是在竞争双方都表现较差时给予反馈，其他时候都不要给予反馈。

3.5.3 胜败经历影响竞争行为的机制

成功与失败反馈对个体的影响一般主要通过两种机制：一种是通过情绪变化影响个体的行为和决策；另一种是个体普遍存在的害怕失败的心理。心理学研究发现在前一阶段感觉良好的人会倾向于在后续中保持这种积极情感的状态，从而变得更加保守。已有心理学和教育学研究发现，成功或失败的经历会影响儿童的情绪和行为，在经历成功之后会有较多的积极情绪，动机增强，经历失败后会有较多的消极情绪，动机降低(张仕超，2012)。Gill & Prowse(2012)认为经历成功与失败后的情绪通过影响个体的效用函数影响个体的决策，他们将失望规避(disappointment averse)引入效用函数中，并设计一个简单的真实任务实验验证他们的模型，研究发现具有失望规避偏好的个体更加规避损失，从而在获得胜败反馈后都会降低他们的努力。

害怕失败是影响成就的一个重要回避动机。个体会在获得成就过程中规避失败，为了避免失败产生的羞愧感。个体并不是害怕失败本身，而是害怕伴随着失败而来的羞愧感。羞愧感反过来会导致个体心理上为逃避可能的失败风险而故意减少努力(Elliot & Church, 1997)。同时 McGregor & Elliot (2005)研究发现女性比男性更容易受失败恐惧情绪的影响，意味着竞争失败的结果可能对女性的表现产生更强的效应。

此外个体的个性特征和对成功与失败的归因方式不同也会导致个体应对成功与失败的方式出现差异。Shu & Lam(2011)研究发现在经历成功后，具有促进定向的学生比具有预防定向的学生获得更多正向激励，反之，在经历失败后，具有促进定向的学生比具有预防定向的学生获得更少的负向激励。Weiner 等(1987)提出个体对成败的归因可能会影响如何应对成功与失败。面对成功的经历，当个体将其归因于能力或者努力时，会有较多的积极情绪，进而持续奋斗；当将成功归因于运气或者任务太难时，会产生消极情绪，就不会有多大的动力，减少对继续努力的坚持。面对失败，当个体将其归因为能力时，会产生羞愧感或无能感，降低坚持性；当将失败归因为努力时，虽然也会产生羞愧感，但会继续努力；当将失败归因于运气或者任务难度时，不会产生多大的动力，降低对努力的坚持，但有较少的消极情绪（赵景欣和王美芳，2003）。

男性和女性的差异也可能是由于男女不同的归因方式。研究表明男性倾向于将成功归因为内部因素（比如天赋），将失败归因为外部因素（比如努力不够或运气不好）。相比之下，女性采用相反的归因方式（Dweck et al.，1978）。此外 Dweck & Leggett(1988)考察 10~18 岁的儿童和大学生对成功与失败的归因，发现实验任务类型也会影响个体的归因，对于某些有性别差异刻板印象的任务比如男性擅长数学，男性获得期望的成功结果容易被归因为能力或者任务的难易程度，男性失败的结果或女性成功的结果倾向于被归因为努力或者运气。对于不存在性别刻板印象的任务则不存在男女归因的显著差异。Ryckman & Peckham(1987)考察 4 年级到 12 年级美国儿童在数学科学（mathematics science）和语言艺术（language arts）任务中的成功与失败归因，研究发现遭遇失败时，女性显著比男性在数学科学方面更加习得性无助，而对语言艺术则不存在男女在归因方面的差异，男女在语言艺术方面都出现适应性行为。

此外成功与失败的经历也会影响个体的社会偏好和其他行为。有研究表明与经历过失败负向情绪的个体相比，经历过正向成功情绪的人会在接下来的任务中更加规避风险（Isen & Geva，1987）。Apicella 等(2014)通过石头剪刀布的竞争游戏任务考察男性在经历成功与失败后的风险行为，研究发现男性在经历成功与失败并不会影响个体的风险偏好，而是雄性激素增加使个体变得更加风险偏好。Chen(2010)在研究竞争成功与失败经历对社会偏好的影响时发现，与失败者相比，获胜者在捐赠时更加慷慨。Buser & Dreber(2015)研究也发现与失败者相比，获胜者在接下来与其他人进行的公共品决策中更加慷慨。Charness 等(2013)研究发现,与不获得相对表现信息反馈相比,个体获得自己的相对表现信息反馈会提高产出,但是排名的反馈也导致了在竞争中更多不道德的行为,比如使坏(sabotage)或欺骗(cheating)行为。

综上可知,成功与失败的经历会对个体后续的寻求挑战、目标设定和竞争行为都会产生显著的影响。儿童在成长过程中势必会经历成功与失败,如何应对成功与失败短期内对儿童的教育、升学决策产生影响,长期内对其职业发展都至关重要。已有文献主要集中在成人的行为研究,且未得出完全一致的结论,尚没有研究探讨成功与失败经历对儿童目标设定和竞争参与决策产生的影响,本书的研究是对前人研究的一个新的补充。

3.6 本章小结

通过对前人研究的回顾,在研究内容方面,得到了以下结论:第一,实地实验方法因其广泛的被试群体和一定的外部有效性,对实验室实验方法做出了有益的补充,已经成为行为劳动经济学的一个重要且前沿的研究方法;第二,近年来劳动经济学中开始关注儿童早期人力资本投资,特别是儿童个性和非认知能力的培养;对弱势儿童的早期干预是一个可以兼顾公平和效率的方法;第三,当前众多文献收集了留守儿童的身心健康和学业发展等状况,发现留守儿童和非留守儿童在行为倾向方面存在一定差异;但目前的文献仍较少关注留守儿童和非留守儿童在竞争偏好等非认知能力方面的差异;第四,竞争偏好是继风险偏好、时间偏好和社会偏好后又一新的个体经济偏好。学术界对成人和儿童的竞争偏好进行了广泛研究,积累了丰富的研究成果;但国内对竞争偏好的研究才刚起步,对儿童竞争行为的研究较少。

在研究方法上,经济学、心理学、人口学、社会学、教育学等各个学科领域的学者,均对我国留守儿童展开过研究。大部分研究采用社会调查方法,通过问卷和量表采集儿童心理健康、个性特征等信息展开分析;少部分研究通过微观家庭数据库实证分析留守儿童的营养健康和学业表现等。总体来说，研究方法和视角还较为单一。由于微观家庭数据中很少涉及儿童的个性发展信息，因此无法获得儿童时期的个性和偏好发展状况。与心理学调查数据相比，经济学实验方法强调利用真实的利益作为刺激，诱导个体表现出真实行为，因而在考察行为方面具有真正的优势。近两年也有学者开始利用实验经济方法研究留守儿童行为和偏好，包括撒谎行为、社会偏好、风险偏好等，但尚没有文献讨论留守经历与儿童竞争行为的关系。

综上文献，本书继承前人研究竞争偏好的实验范式，结合国内留守儿童问题，采用前沿的实地实验的经济学研究方法，将丰富竞争偏好研究的视角和成果，同时填补留守儿童问题研究的空白。

第 4 章 留守与儿童的社会竞争偏好

4.1 引言

  留守儿童缺乏父母的陪伴，可能会令其身心健康受创。有研究表明，父母外出务工增加经济支持的正向效应无法抵消减少家庭照顾的负向效应，留守儿童的身体健康状况显著劣于非留守儿童，留守儿童的自我意识发展水平也比非留守儿童要低。有调查发现，留守儿童普遍表现出对父母的强烈思念，常常内心孤独、缺乏安全感；农村留守儿童在父母外出后表现出较明显的情绪障碍、交往问题和自卑倾向，甚至有30%的留守儿童表现出各种轻度或者明显的心理问题。也有研究表明，童年曾与父母长期分离或者在单亲家庭中长大的儿童，不仅在认知、情感和社会交往技能方面落后于那些与父母共同生活长大的儿童，而且在他们成年后的社会经济地位也可能处于劣势。

  众所周知，学会竞争是儿时重要的一课，它可能影响人的一生。竞争偏好的形成，是儿童发展和社会化的一个重要方面。竞争能激发儿童专注投入，在任务中尽自己最大努力做好。竞争也会教会儿童面对失败和挫折该如何应对。儿时的竞争偏好和竞争行为，对于儿童性格形成和人力资本积累都至关重要，在短期可以影响儿童的教育升学等诸多决策，在长期则可以影响成年后的就业决策及劳动力市场表现。劳动经济学的大量研究表明，个人的非认知能力也是影响职业成就和收入的重要因素,而竞争能力就是一种重要的非认知能力。从这一点来看,研究儿童的竞争行为具有重要的学术和现实意义。父母陪伴的缺失是否会影响儿童的竞争偏好？缺少父母陪伴的留守儿童是否比父母陪在身边的儿童更加规避竞争还是更加偏好竞争？这些问题就值得去探究。

在上述背景下,本研究运用实验经济方法,以中国河南省两所农村小学144名8~12岁的小学生为被试,展开实地实验(field experiment),考察留守儿童与非留守儿童的竞争行为和竞争偏好的差异,并分析导致这些差异的原因,揭示"留守"经历对儿童竞争行为的影响。研究结果发现：留守儿童显著比非留守儿童更加规避参与社会竞争；父亲外出务工对儿童社会竞争参与决策产生更大的影响。接下来,本研究在第二部分介绍本研究的方法和实验设计,第三部分介绍数据的基本情况并进行随机分组检验,第四部分详细分析实验结果,第五部分通过将留守儿童进行子样本分析进行稳健性检验,最后是全章总结。

4.2 实验设计及执行

4.2.1 实验参与者

实验被试来自河南省信阳市两所乡村小学。信阳市位于河南省南部,2016年国内生产总值为2038亿元,在河南省各地级市中排倒数第四名,是河南省较为贫困的一个地级市。河南是农村劳动力外流最多的省份之一。最新数据表明,河南省有超过70万农村留守儿童,占全国留守儿童总量约9%[①]。其中信阳市是河南省留守儿童所在的一个核心地区。本研究选择信阳市胡店乡,该乡离市区距离约40公里,是一个典型的以农业为主的中部地

---

① 数据来自2016年民政部、教育部、公安部在全国范围内联合开展的农村留守儿童摸底排查数据。

区乡镇。该乡有12个乡村小学，本研究挑选了该乡镇的中心小学和乡下某村的附属小学为实验地点。

考虑到学生的理解能力和实验执行能力，本研究此次实验招募的对象为

三年级和四年级学生,以班为单位进行招募,共招募到 4 个班级,共 144 人(实验经济学研究样本量一般不大,100~200 人在实验经济学研究中是比较常见的样本量)。在每个班,实验员都告诉学生,将带领他们玩一个可以赚钱的游戏,并询问他们是否愿意参加游戏,每个学生都举手表示"愿意"。在实验正式开始前,实验员还告诉每一位被试,他们在游戏过程中可以随时决定退出游戏且不会受到惩罚,但最后所有被试都完成了游戏,无人中途退出。

4.2.2 实验设计

实验设计借鉴 Niederle & Vesterlund(2007)研究竞争行为的经典范式。实验任务类似 Gneezy 等(2009)的投球入篮游戏。之所以选择 Gneezy 等(2009)的实验任务而没有选择 Niederle & Vesterlund(2007)的数字加减运算任务,是考虑到小学三四年级学生在数字加减运算能力方面存在较大个体差异,会干扰本研究关注的主要问题。而 Gneezy 等(2009)的投球游戏是在母系氏族和父系氏族原始部落中研究竞争行为时采用的实验任务,简单的投球游戏对于个体的体力、文化程度都几乎没有要求。考虑到实验现场的控制问题,本研究将球换成了塑料游戏币,要求被试将塑料游戏币投到 1.4 米远的篮子里①。塑料游戏币与 1 元人民币大小相近,直径 2.5cm,重量 0.6g。被试被告知需完成三轮投币,每轮投币游戏中被试有 5 次机会将游戏币投入篮中。完成三轮投币后,从被试的三轮投币结果中随机抽取一轮来支付真实的报酬。实验任务本身非常简单,除了儿童的能力外,也要靠一点点运气。整个投币过程中,被试仅知道自己在每轮投币游戏中投中的个数,不知道其他被试的投币

---

① 将投球入篮换成投币入篮,是考虑在开放的场地下球可能会滚得太远,导致实验难以控制。投币入篮的篮子的距离是由预实验的被试测试后确定的,结果也表明,被试在投币游戏中的表现呈现正态分布(Shapiro-Wilk 正态检验,非竞争情境中,$Z(144)=0.719$,$p=0.236$;竞争情境中,$Z(144)=-1.233$,$p=0.891$),且不存在性别差异(双侧 t 检验,非竞争情境中,$Z(142)=-0.734$,$p=0.464$;竞争情境中,$Z(142)=-1.054$,$p=0.294$)。

结果以及跟他人比赛的结果。

三轮投币规则具体如下：

第一轮：计件游戏。这是非竞争情境的任务。被试拿到5个游戏币，需要一个一个投到篮子里，不可以多个一起投。每投中一个可以获得1元人民币。尽管实验员能直接观察到他们每轮的投币结果，但谨慎起见，实验员仍要求被试在每轮完成后向实验员报告他们投中的个数进行核对，确保计数无误，以及避免被试就投入数量与实验员产生分歧。

第二轮：锦标赛游戏。这是竞争情境的任务。被试在开始投币之前被告知，必须与参加本游戏的另外一名学生比赛。被试知道实验员已给他配置了一个对手，但他并不知道对方是谁。被试和他的对手，投入币数多的一方获胜，少的一方失败；若两人投入币数一样多，则称打平。获胜的一方，每投入一个币可以获得2元；失败的一方在这一轮的报酬是0元；若打平，则双方各自按照每投入一个币1元来获得报酬。被试在完成本轮投币后并不知道胜败情况，他们被告知比赛结果需要所有人都完成全部（三轮）游戏后才会公布。

第三轮：计件 vs 锦标赛。这是竞争选择情景的任务。在这一轮，被试被要求在游戏前先做一个选择：他在本轮可以自由地选择参与计件游戏或参与锦标赛游戏，但只能参与其中一个，不能两个游戏都参与。一旦做出选择，他就会真实地进入到自己选择的游戏中去。本轮游戏的报酬也分别与第一轮和第二轮对应的游戏相同，被试按什么规则获得报酬完全取决于他选择了哪个游戏。

被试完成三轮投币之后，需从三张标有1、2、3的扑克牌中随机抽取一张，抽到数字几，实验员将按照被试第几轮的投币结果给他发放报酬。从整个实验来看，被试平均获得报酬2.80元，相当于他们平均每周零花钱的一大半（从学生调查问卷中获知被试每周零花钱均值为5.01元，中值为5元）。本研究支付的报酬水平虽不高，但对这些一直生活在欠发展农村地区的孩子们，已经具有足够的刺激，他们参与的积极性也非常高。

当每个班的被试都完成实验后,实验员让每名被试在教室中填写一份调查问卷,搜集他们个人基本信息,包括性别、是否有兄弟姐妹、是否当过班干部,期望最高学历等。为保证数据质量,本研究请孩子们的班主任复核了每份问卷信息。此外,本研究还现场测量了每位被试的身高和体重,并拍下正面照片。

考虑到学生的留守情况本身可能受学生家庭情况特别是家庭经济条件影响，本研究设计了一份简短的家长问卷收集学生家庭基本情况，以便在实验结果分析中尽量控制住家庭因素。由于外出务工的家长大多只在春节期间才会回家，本研究让被试在实验执行的当年寒假期间将问卷带回家，由家长填写并签名，并在寒假结束后春季学期开学时交给自己的班主任。

4.2.3 实验执行

实验在2017年6月执行，学生问卷在实验完成后即由学生填写并当时回收，共有被试144人，回收有效问卷144份，回收率100%。家长问卷在2017年寒假期间由家长填写，在2018年3月学生开学时回收，共发放家长132份问卷①，回收有效问卷89份，问卷回收率67%。

---

① 由于有12名学生因转学失去联系，无法发放家长问卷。

4.2 实验设计及执行

实验首先在河南省信阳市胡店乡中心小学开展。学校条件简陋，缺少空教室，本研究把实验放在学校两栋教学楼之间的一片空地上。在空地的四个角落分别设置实验点，每个实验地点有一名实验员负责。每个班的被试被随机分成四组，每组被试对应一个实验地点，四组实验同时进行。在实验过程中，每个被试需要背对其他组被试，被试之间不能互相观察。在实验开始前，四组被试均被安排在远离实验场地的操场上等待，实验开始后，由实验员将被试从等待区叫到每个实验点进行实验，做完实验后的被试直接返回教室，不能与等待区其他被试交流。每组有一名实验员一对一带领被试进行实验。每名被试实验大约5分钟，实验全程大概持续1.5个小时，中间不休息，共87名被试完成实验任务。

在河南省信阳市胡店乡郭湾小学，该小学人数较少，仅有100多名学生，有多余的空教室。因此同样的实验在两间空教室中举行。每间空教室设置两组实验，两组被试在实验过程中背对背，不能互相观察对方的表现。其他设置同中心小学相同，全程实验大概1个小时，中间不休息，共57名被试完成实验任务。虽然两场实验的场地设置有所差异，但并未影响实验结

第 4 章 留守与儿童的社会竞争偏好

果，两所学校被试之间的竞争选择（$t(142)=0.638$，$p=0.525$）、计件任务表现（$t(142)=0.667$，$p=0.506$），锦标赛任务表现（$t(142)=1.493$，$p=0.138$）都没有显著差异。

4.3 数据及随机分组检验

4.3.1 变量

本书核心的被解释因量有三个，均从实验中获得，分别是计件任务即非竞争情境下被试的投币结果，锦标赛即竞争情境下被试的投币结果，以及"计件 vs 锦标赛"即竞争选择情形中的选择。其中投币结果是指被试在该轮将塑料币投入篮中的个数，最大值为 5，最小值为 0。竞争选择为虚拟变量，选择锦标赛（即参与竞争）设为 1，选择计件（即不参与竞争）则设为 0。

本书核心的解释变量是儿童留守情况。本研究让儿童填写问卷，询问他们的父母现在是否在外地打工,若儿童的父母中有一方或者两方均在外打工,本研究就将该儿童定义为留守儿童($N=90$),否则为非留守儿童($N=54$)。此外在稳健性检验中,本研究进一步根据父母外出打工情况将留守儿童分为两类:父母均在外打工的定义为双留守儿童($N=46$);父母一方在外打工的定义为单留守儿童($N=44$)。由于外出打工可能会动态变化,本研究通过班主任来确认留守孩子的父母的确是长期在外(至少最近18个月)[①]。

其他控制变量有儿童的年龄、性别、是否有兄弟姐妹、身高、体重、BMI指标。本研究直接从儿童的身份证号码提取出生年月计算儿童的实际年龄,而不是让儿童自己报告年龄,以避免孩子记忆的年龄有虚岁和周岁之差别。儿童的身高和体重由实验员在实验完成后现场为儿童测量得出。通过儿童的身高和体重数据本研究计算了儿童的BMI指数,并结合年龄,根据世界卫生组织发布的最新版的儿童生长发育标准(World Health Organization (WHO),2007)将BMI指标转变成虚拟变量。儿童的BMI指数处在正常范围内的编码为1,否则编码为0。家长问卷中,本研究收集了儿童父母的最高学历(有六个选项:小学及以下;初中;中专;高中;大专;大学及以上);同时收集了儿童父母的家庭年收入范围(也有六个选项:小于1万元;1万~3万元;3万~5万元;5万~10万元;10万~20万元;20万元以上)。两个指标均编码为1~6的分类变量,数字越大代表学历/收入越高。

4.3.2 随机分组检验

表4.1报告了所有变量的描述统计结果,表中最后一列对每个变量按照被试是否是留守儿童分两组进行双侧t检验。首先,对于三个因变量,简单的t检验可以发现,留守儿童与非留守儿童在非竞争情境和竞争情境下的投

[①] 父母的陪伴对于0~3岁的孩子特别重要,本研究也曾试图了解孩子们在0~3岁时父母是否长期在外打工,但孩子们本人大多记不得3岁之前的事,班主任对此也不清楚,因此本书无法确定被试在3岁前是否留守。但是,农村劳动力外出打工本身具有相当强的路径依赖,故一个合理的推测是:目前处于留守状态的儿童,在3岁前也更可能是留守儿童;而3岁前曾是留守儿童的,也更可能在目前处于留守状态。

币数量表现并没有显著差异,但是在竞争选择方面存在显著差异($p = 0.024$)。留守儿童比非留守儿童显著更少地选择参与竞争。在其他方面,留守儿童与非留守儿童的性别、年龄、身高和体重等指标均没有显著差异。其中男女比例均接近 1∶1;年龄在 8~12 岁,平均年龄为 9.7 岁;超过 95% 的儿童有兄弟姐妹,这可能是由于河南地区计划生育管制相对较宽松的缘故。在父母学历和家庭收入方面,留守儿童与非留守儿童也不存在显著差异。以上检验表明,留守儿童与非留守儿童的分组存在一定的随机性。

表 4.1 变量的描述性统计和随机分组检验

变量	留守儿童(LBC)			非留守儿童(Non-LBC)			t 检验 p 值
	N	均值	标准差	N	均值	标准差	
计件-非竞争情境投币结果	90	2.13	1.16	54	1.89	1.02	0.204
锦标赛-竞争情境投币结果	90	2.29	1.27	54	2.30	1.45	0.974
计件 vs 锦标赛-竞争选择(竞争=1)	90	0.28	0.45	54	0.46	0.50	**0.024**
性别(男=1)	90	0.49	0.50	54	0.56	0.50	0.442
年龄(岁)	90	9.68	0.72	54	9.65	0.85	0.823
兄弟姐妹(有=1)	90	0.98	0.15	54	0.94	0.23	0.293
身高(cm)	89	139.66	6.49	54	139.05	7.08	0.599
体重(kg)	89	32.68	6.45	54	33.01	7.18	0.777
BMI 指标(正常=1)	89	0.64	0.48	54	0.54	0.50	0.224
父或母最高学历(1~6)	58	2.09	0.98	31	1.84	0.86	0.240
家庭年总收入(1~6)	58	2.64	1.15	31	2.58	1.34	0.833

注:有 1 个被试未能获得其身高和体重等数据。父母问卷回收为 89 份,故最后两行变量(父或母最高学历、家庭年总收入)各组的观测值 N 都比之前的儿童系列变量各组观测值要少一些。

表 4.2 中本研究将留守儿童再细分为双留守儿童和单留守儿童,并将三

组儿童的每个变量进行了单因素方差分析。结果发现，在实验因变量中，双留守儿童与单留守儿童在竞争选择方面的均值相近，均与非留守儿童存在显著差异($p=0.048$)，表明双留守儿童和单留守儿童均比非留守儿童更少选择参与竞争。在个体特征方面，双留守儿童、单留守儿童与非留守儿童之间并不存在显著差异。在家庭情况方面，双留守儿童父亲或母亲的最高学历(取两人中最高的一个)比单留守和非留守儿童的父或母最高学历要高(但后面的回归分析中，父母学历因素的影响并不显著)，原因可能在于更高学历的个体更容易夫妻都能在外找到工作。

表 4.2　　分双留守和单留守样本的随机分组检验

变量	双留守		单留守		非留守		方差分析 p 值
	N	均值	N	均值	N	均值	
计件-非竞争情境投币结果	46	2.07	44	2.20	54	1.89	0.375
锦标赛-竞争情境投币结果	46	2.37	44	2.20	54	2.30	0.843
计件 vs 锦标赛-竞争选择(竞争=1)	46	0.28	44	0.27	54	0.46	**0.078**
性别(男=1)	46	0.54	44	0.43	54	0.56	0.428
年龄(岁)	46	9.74	44	9.61	54	9.65	0.724
兄弟姐妹(有=1)	46	1.00	44	0.95	54	0.94	0.290
身高(cm)	45	139.81	44	139.50	54	139.05	0.851
体重(kg)	45	33.52	44	31.82	54	33.01	0.472
BMI 指标(正常=1)	45	0.64	44	0.64	54	0.54	0.477
父或母最高学历(1~6)	28	2.36	30	1.83	31	1.84	0.051
家庭年总收入(1~6)	28	2.75	30	2.53	31	2.58	0.779

注：有 1 个被试未能获得其身高和体重等数据。父母问卷回收为 89 份，故最后两行变量(父或母最高学历、家庭年总收入)各组的观测值 N 都比之前的儿童系列变量各组观测值要少一些。

4.4 实验结果

4.4.1 非竞争情境和竞争情境中的投币表现

图4.1(a)是全体儿童在非竞争情境(第一轮计件任务)和竞争情境(第二轮竞争任务)中的投币结果。如图所示,儿童在竞争情境中的投中个数($M=2.29$)显著高于儿童在非竞争情境中的投中个数($M=2.04$)(双侧t检验,$p=0.070$)。这可能是两种效应的结果,一是第二轮游戏较第一轮游戏本身的学习效应;另一个是竞争效应,有不少研究表明,个体在竞争压力下会更加用心,表现更好。

图4.1(b)为留守儿童和非留守儿童分别在非竞争情境和竞争情境中的平均投中个数。结果表明,留守儿童和非留守儿童之间不论在非竞争情境下还是在竞争情境下的投币表现均没有显著差异(双侧t检验,非竞争情境,$p=0.204$;竞争情境,$p=0.975$)。此外,与非竞争情境下相比,留守儿童和非留守儿童在竞争情境下都提高了平均投中个数,且提高的幅度没有显著差异(双侧t检验,$p=0.521$)。图4.2为留守儿童和非留守儿童在非竞争情境和竞争情境中投币个数的分布。在非竞争情境和竞争情境下,两组儿童的投币结果呈较为明显的正态分布。同时,两组儿童在非竞争情境和竞争情境中的投币个数分布均没有显著差异(费雪精确检验,非竞争情境,$p=0.359$;竞争情境,$p=0.564$)。

儿童在实验中的表现有可能会受性别、年龄、身高等个体特征的影响,于是本研究控制儿童的个体特征对其实验表现进行回归。表4.3为儿童在非竞争情境和竞争情境中投币结果的OLS回归分析。在回归分析中,因变量为投中个数,核心自变量为是否为留守儿童,本研究还加入了儿童的个体特征和家庭背景情况作为控制变量。如表中所示,第(1)栏和第(2)栏为非竞争情境中的投币结果分析,第(3)栏和第(4)栏为竞争情境下的投币结果分析。结果表明即使控制住儿童的个体特征和家庭情况,留守儿童与非留守儿童在非竞争情境和竞争情境中的投中个数仍没有显著差异。此外，儿童的个体特征和家庭背景信息的系数均不显著，表明个体在投币游戏中的投中个数与性别、年龄、身高、体重、BMI 以及家庭情况均没有显著关系。这表明留守儿童和非留守儿童之间在实验任务中的能力和表现均没有显著差异。

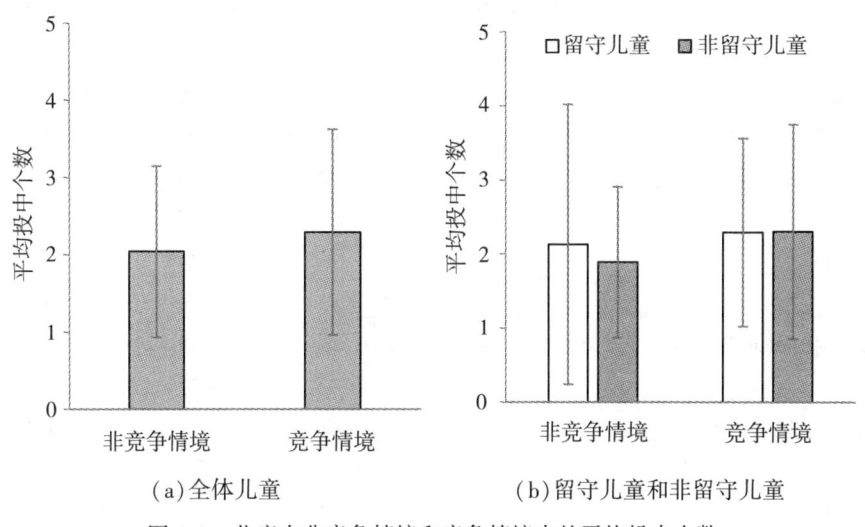

图 4.1　儿童在非竞争情境和竞争情境中的平均投中个数

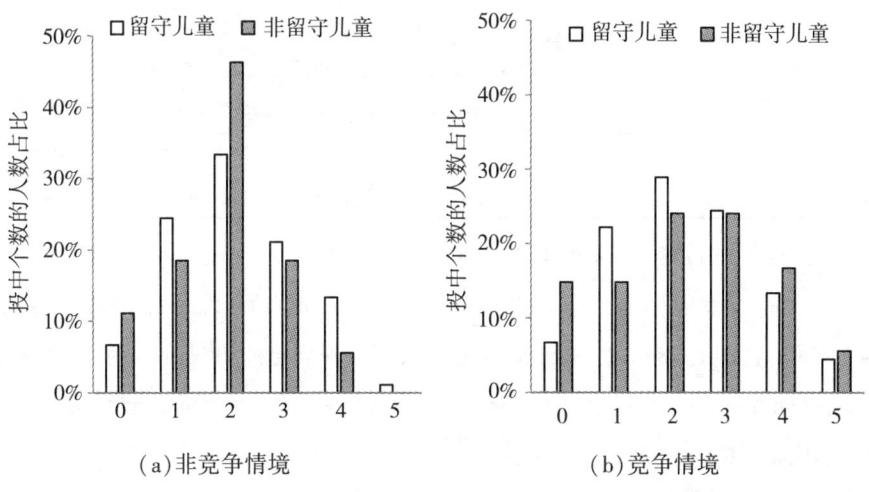

图 4.2　留守儿童与非留守儿童在两种情境下的投币结果分布

表 4.3　　留守儿童与非留守儿童投币结果的回归分析

OLS 回归 因变量：投中个数	非竞争情境		竞争情境	
	（1）	（2）	（3）	（4）
留守儿童 = 1	0.243	0.040	-0.039	-0.079
	(1.25)	(0.16)	(-0.17)	(-0.26)
性别（男 = 1）	0.141	0.073	0.186	-0.055
	(0.74)	(0.29)	(0.82)	(-0.18)
年龄（岁）	0.072	0.004	-0.151	0.029
	(0.53)	(0.02)	(-0.94)	(0.14)
身高（cm）	0.024	0.032	0.017	-0.018
	(1.20)	(1.17)	(0.71)	(-0.54)
体重（kg）	-0.005	-0.011	0.008	0.034
	(-0.25)	(-0.43)	(0.37)	(1.09)
BMI 指标（正常 = 1）	-0.047	-0.087	-0.166	-0.329
	(-0.24)	(-0.34)	(-0.72)	(-1.07)
父或母最高学历		0.041		-0.004
		(0.30)		(-0.02)
家庭年收入		0.043		0.034
		(0.40)		(0.27)
非竞争中的表现			0.115	0.216
			(1.13)	(1.62)
常数	-1.995	-2.240	0.942	3.215
	(-0.89)	(-0.75)	(0.35)	(0.89)
N	143	89	143	89
R^2	0.039	0.030	0.036	0.064

注：括号中为 t 值；$^{*} p < 0.10$，$^{**} p < 0.05$，$^{***} p < 0.01$。由于有一名被试未能测量到身高和体重，因此进入回归的被试样本为 143 人；纳入家庭信息后，样本下降为 89 人，因为家长问卷只收回 89 人。本研究已经检验过，有家长问卷和无家长问卷的两组儿童在个人特征和留守状况上不存在显著差异。本研究也考虑了将父母学历分组和家庭收入分组处理成虚拟变量进行回归，结果与本表类似。

4.4.2 社会竞争参与选择

虽然留守儿童和非留守儿童在前两轮的实验任务中的表现没有显著差异，但在第三轮的竞争参与选择出现显著差异。图4.3是在第三轮选择参与竞争的儿童的占比。如图中所示，整体看来，约有35%的儿童选择参与竞争，但留守儿童和非留守儿童却有较大差异。留守儿童中仅有28%的人选择参与竞争，而非留守儿童中有46%的人选择参与竞争，留守儿童中选择参与竞争的人数占比显著低于非留守儿童（双侧t检验，$p=0.024$）。

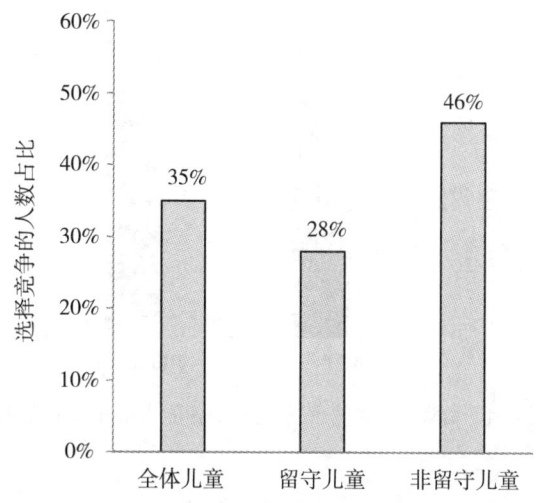

图4.3 第三轮选择参与竞争的儿童的占比

为了进一步探究留守儿童与非留守儿童竞争参与选择的差异，本研究将儿童在非竞争情境和竞争情境中投币结果的均值视为儿童在投币任务中的能力。本研究根据儿童的投币能力将儿童分为三组，两轮投币结果均值大于3的个体为高能力组，两轮投币结果均值处于2和3之间（包含）的个体为中能力组，两轮投币结果均值小于2的个体为低能力组。图4.4为留守儿童和非留守儿童中高能力组、中能力组和低能力组儿童的占比。如图所示，留守儿童和非留守儿童中各能力儿童的占比没有显著差异(卡方检验,$p=0.757$)。因此本研究进一步考察在各能力组中,留守儿童和非留守儿童竞争参与选择的情况。图 4.5 为留守儿童和非留守儿童各能力组儿童选择参与竞争的占比。如图所示,留守儿童在高能力组、中能力组和低能力组均比非留守儿童更少的选择参与竞争。这表明,留守儿童比非留守儿童规避竞争与儿童的能力关系不大,这种竞争规避行为差异在各能力组均存在。

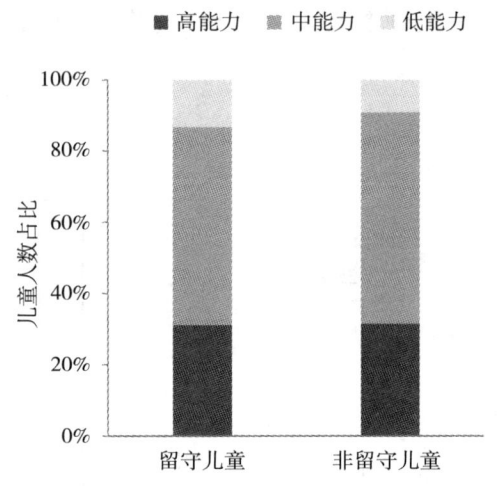

图 4.4　留守儿童和非留守儿童中各能力组儿童的占比

表 4.4 是对留守儿童与非留守儿童竞争参与选择的 probit 回归分析。其中因变量为儿童竞争参与选择,是 0-1 虚拟变量,本书汇报了 probit 回归结果(若用 OLS 各变量的显著性也与此类似),核心自变量为是否是留守儿童。在第(1)栏中仅控制了儿童在前两轮投币任务中的表现,第(2)栏中加入了儿童的个体特征,第(3)栏中则再加入了儿童的家庭背景信息。如表 4.4 所示,回归结果表明留守儿童显著比非留守儿童更少地选择参与竞争,即使控制住儿童的个体特征和家庭背景信息后,这种差异依然非常显著。

表 4.4 第(2)栏还表明,儿童在第二轮竞争情境中的表现会影响儿童在第三轮的竞争参与决策,在竞争中表现更好的儿童会更积极地参与竞

4.4 实验结果

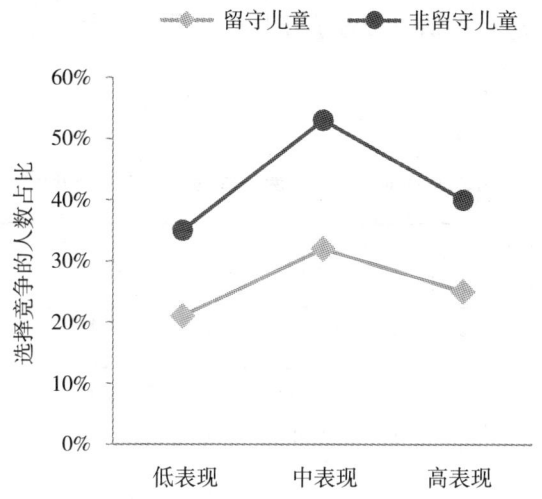

图 4.5 留守儿童和非留守儿童各能力组儿童选择竞争的占比

争。这可能有两个解释，一是可能由于一些儿童更擅长在竞争压力下脱颖而出，从而他们更愿意参与竞争；另一个解释是，可能由于儿童本身有更强的竞争偏好，更喜欢同别人比赛，所以在竞争中能发挥得更好。不管是哪种解释，好的竞争表现与偏好选择竞争正相关的结果都是符合常理的。但这并不是本研究关心的问题，本书关心的结果是：即使控制儿童在竞争情境中的表现，双留守儿童和单留守儿童均比非留守儿童显著的更少选择参与竞争。

表 4.4 第(3)栏控制了父亲或母亲最高学历和家庭年收入，留守儿童的系数更加显著。不过，比较回归系数大小的意义可能不大，因为样本量发生了变化(回收的有效父母问卷为 89 份)，而且 probit 回归模型的系数值本身并不说明什么，重要的是边际效应。本研究也检验过有回收父母问卷的儿童和未能回收父母问卷的儿童是否存在群体差异，发现两个群体在个体特征和家庭情况(父母学历和家庭收入)都不存在显著差异。此外，在第(2)栏和第(3)栏中，儿童的性别、年龄、身高、体重、BMI 以及家庭背景情况的系数均不显著，仅是否留守儿童身份的系数显著。综上结论可以

第4章 留守与儿童的社会竞争偏好

表明在其他条件一样的话，是否留守儿童的身份就会引起儿童在竞争参与选择的差异。

表 4.4　留守儿童与非留守儿童竞争参与选择的回归分析

Probit 回归 因变量：选择参与竞争 = 1	(1)	(2)	(3)
留守儿童 = 1	-0.514**	-0.524**	-0.925***
	(-2.29)	(-2.28)	(-3.04)
非竞争情境中的表现	0.041	0.064	0.058
	(0.41)	(0.61)	(0.42)
竞争情境中的表现	0.134	0.155*	0.081
	(1.61)	(1.79)	(0.72)
性别(男 = 1)		-0.174	-0.235
		(-0.77)	(-0.78)
年龄(岁)		-0.146	-0.238
		(-0.93)	(-1.17)
身高(cm)		0.004	0.016
		(0.17)	(0.48)
体重(kg)		-0.026	-0.026
		(-1.17)	(-0.76)
BMI 指标(正常 = 1)		-0.105	0.067
		(-0.45)	(0.21)
父母最高教育水平			0.027
			(0.16)
家庭年收入			0.007
			(0.06)
常数	-0.482	1.292	0.762
	(-1.54)	(0.48)	(0.21)
N	144	143	89
P	0.046	0.126	0.183

注：括号中为 t 值；* $p < 0.10$，** $p < 0.05$，*** $p < 0.01$。由于有一名被试未能测量到身高和体重，因此进入回归的被试样本为 143 人；纳入家庭信息后，样本下降为 89 人，因为家长问卷只收回 89 人。本研究已经检验过，有家长问卷和无家长问卷的两组儿童在个人特征和留守状况上不存在显著差异。本研究也考虑了将父母学历分组和家庭收入分组处理成虚拟变量进行回归，结果与本表类似。

4.4.3 竞争行为的性别差异

已有实验经济学研究表明，儿童的竞争行为存在性别差异，但这种性别差异也与实验任务和文化环境有关。在存在"不同性别能力差异"刻板印象的实验任务中，比如数学运算任务，即使男性与女性在实验任务中实际表现并没有差异，但男性也对自身的能力更加自信，在面对竞争选择时，显著的比女性更多的选择参与竞争。但若换成了拼写单词或者其他与文字信息相关的实验任务时，男女的竞争参与选择差异便消失了。此外已有研究发现在父系氏族部落男性比女性偏好竞争，但在母系氏族部落女性比男性更加偏好竞争。对儿童的竞争行为研究发现，有些西方国家的儿童中存在竞争参与选择的性别差异，有些国家的儿童不存在这种差异。对中国西部某高中在校学生的实验研究也发现，汉族青少年中并不存在竞争参与选择的性别差异。本书是对 8~12 岁儿童的竞争行为进行实验经济学研究，因此专门列出一节详细探讨在本实验中男童和女童的竞争行为是否存在差异。

图 4.6 为男童和女童在非竞争情境和竞争情境中的投币表现。如图所示，男童和女童在非竞争情境和竞争情境中的投中个数均没有显著差异（双侧 t 检验，非竞争情境，$p=0.464$；竞争情境，$p=0.294$）。考虑到父母陪伴缺失对男童和女童的影响有可能存在差异，表 4.5 中本研究将留守儿童身份与儿童的性别进行了交互，探讨不同类型儿童投币表现的性别差异。第(1)栏和第(2)栏为非竞争情境中的投币表现，第(3)栏和第(4)栏为竞争情境中的投币表现，回归结果发现，留守儿童、性别以及它们的交互项的系数均不显著，表明儿童在非竞争情境和竞争情境实验任务中的表现不存在性别差异，且即使细分到留守儿童和非留守儿童，这种性别差异也不存在。

第4章 留守与儿童的社会竞争偏好

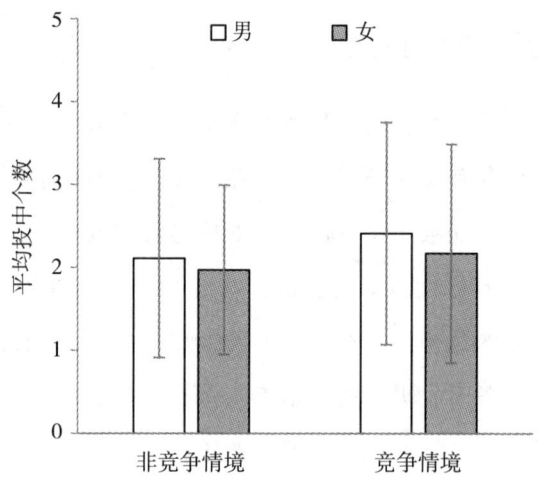

图 4.6 男童和女童在实验任务中的表现

表 4.5 非竞争情境和竞争情境中，留守儿童与性别对儿童投币表现的影响的回归分析

被解释：投币个数	非竞争情境		竞争情境	
	（1）	（2）	（3）	（4）
留守儿童=1	-0.040	-0.069	0.227	-0.171
	(-0.14)	(-0.17)	(0.66)	(-0.36)
性别(男=1)	-0.179	-0.052	0.488	-0.160
	(-0.58)	(-0.12)	(1.33)	(-0.31)
留守儿童*性别	0.526	0.194	-0.500	0.163
	(1.32)	(0.36)	(-1.05)	(0.25)
年龄(岁)	0.060	0.010	-0.140	0.035
	(0.44)	(0.06)	(-0.87)	(0.17)
身高(cm)	0.024	0.030	0.016	-0.019
	(1.22)	(1.10)	(0.68)	(-0.57)
体重(kg)	-0.007	-0.011	0.010	0.034
	(-0.37)	(-0.42)	(0.47)	(1.08)

续表

被解释：投币个数	非竞争情境		竞争情境	
	（1）	（2）	（3）	（4）
BMI 指标（正常＝1）	0.003	-0.059	-0.213	-0.306
	(0.01)	(-0.22)	(-0.90)	(-0.94)
父母最高教育水平		0.039		-0.005
		(0.28)		(-0.03)
家庭年收入		0.046		0.037
		(0.42)		(0.29)
非竞争中的表现			0.127	0.215
			(1.24)	(1.60)
常数	-1.693	-2.060	0.679	3.364
	(-0.75)	(-0.67)	(0.25)	(0.92)
N	143	89	143	89
R^2	0.052	0.031	0.043	0.065

注：括号中为 t 值；$^{*}p<0.10$，$^{**}p<0.05$，$^{***}p<0.01$。由于有一名被试未能测量到身高和体重，因此进入回归的被试样本为 143 人；纳入家庭信息后，样本下降为 89 人，因为家长问卷只收回 89 人。

接下来本研究考察儿童竞争参与选择的性别差异。如图 4.7 本研究分别考察了留守儿童和非留守儿童的男性和女性在第三轮选择参与竞争的人数占比。如图所示，在留守儿童中和非留守儿童中，女性比男性略多选择参与竞争，但这种性别差异均不显著（双侧 t 检验，留守儿童中，$p=0.570$；非留守儿童中，$p=0.633$）。表 4.6 中对儿童竞争参与选择的性别差异进行了 $probit$ 回归分析。表中同样加入了留守儿童与性别的交互项。回归结果发现，除了儿童的留守身份的系数显著之外，性别以及留守儿童与性别的交互项等其他变量的系数均不显著。这表明，儿童的竞争参与选择差异主要体现在儿童的留守身份上，与性别没有很多关系。

第4章 留守与儿童的社会竞争偏好

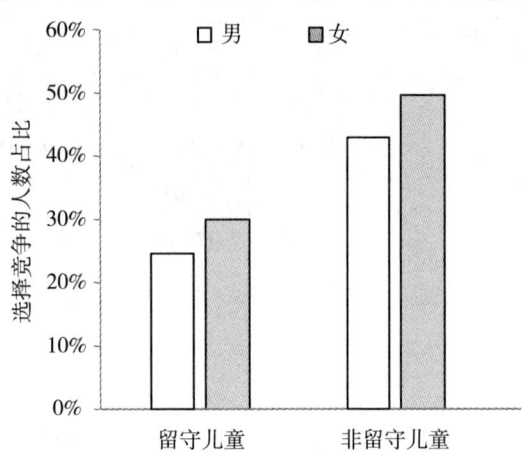

图4.7 男童和女童在第三轮选择参与竞争的人数占比

表4.6 留守儿童与非留守儿童分性别的竞争参与选择的回归分析

Probit 回归 因变量：选择参与竞争＝1	（1）	（2）	（3）
留守儿童＝1	−0.539*	−0.595*	−1.126**
	(−1.66)	(−1.76)	(−2.40)
性别（男＝1）	−0.214	−0.253	−0.458
	(−0.61)	(−0.71)	(−0.92)
留守儿童＊性别	0.017	0.136	0.361
	(0.04)	(0.29)	(0.56)
非竞争情境中的表现	0.046	0.060	0.056
	(0.44)	(0.57)	(0.40)
竞争情境中的表现	0.141*	0.157*	0.080
	(1.68)	(1.81)	(0.71)
年龄（岁）		−0.149	−0.228
		(−0.95)	(−1.11)

续表

Probit 回归 因变量：选择参与竞争 = 1	（1）	（2）	（3）
身高(cm)		0.004	0.014
		(0.19)	(0.40)
体重(kg)		−0.027	−0.026
		(−1.20)	(−0.75)
BMI 指标(正常 = 1)		−0.091	0.118
		(−0.38)	(0.36)
父母最高教育水平			0.022
			(0.13)
家庭年收入			0.017
			(0.13)
常数	−0.386	1.352	1.104
	(−1.05)	(0.50)	(0.30)
N	144	143	89
P	0.115	0.177	0.228

注：括号中为 t 值，$^*p<0.10$，$^{**}p<0.05$，$^{***}p<0.01$。由于有一名被试未能测量到身高和体重，因此进入回归的被试样本为143人；纳入家庭信息后，样本下降为89人，因为家长问卷只收回89人。

综上可知，在本实验中，儿童在非竞争情境和竞争情境中的投币表现以及第三轮的竞争参与选择均不存在性别差异，这与已有的国内青少年竞争行为研究的结果一致，与本研究的实验任务选择也有一定关系。本研究在选择采用投币形式的实验任务时也专门考虑了实验任务的能力差异的刻板印象问题，因此特意选择了投币入篮的形式，这种任务一来游戏规则简单易懂、容易操作，二来学生日常生活很少这样玩，不存在一种能力差异的刻板印象，因此保证个体进行竞争参与选择主要基于自己在前两轮任务中的表现和自身的竞争偏好来决定。

4.5 稳健性检验

4.5.1 双留守儿童与单留守儿童的差异

本书上节分析了留守儿童与非留守儿童在竞争表现和竞争参与选择方面的差异,本节将通过分样本分析对留守儿童与非留守儿童间的差异进行稳健性检验。如图4.8,双留守儿童、单留守儿童和非留守儿童无论在非竞争情境(第一轮计件任务)还是在竞争情形(第二轮竞争情境),他们的表现都没有显著差异。在非竞争情境,双留守儿童平均投入 2.07 个币(s.d. = 1.104),单留守儿童平均投入2.20 个币(s.d. = 1.231),比非留守儿童的表现(平均1.89 个,s.d. = 1.022)要好一些,但在统计上并不显著(单因素方差分析 $F(143) = 0.987$,$p = 0.375$)。在第二轮竞争情境中,三组儿童的均值分别为2.37、2.20 和2.30,表现几乎没有差异(单因素方差分析,$F(143) = 0.171$,$p = 0.843$)。此外本研究还发现各类儿童在第二轮的表现都不劣于第一轮的表现,甚至更好。不过,三类儿童的表现提升幅度并没有显著差异(单因素方差分析 $F(143) = 0.780$,$p = 0.461$)。

本研究进一步考察三类儿童的投币结果分布。从图4.9可以较为直观地看到,在非竞争情境和竞争情境下,三类儿童的投币结果呈较为明显的正态分布。虽然第一轮计件任务投币结果较第二轮锦标赛任务投币结果的分布看上去似乎更集中一些,但都符合正态分布形状。对本研究来说,最重要的是:无论是在第一轮非竞争情境,还是在第二轮竞争情境,两类留守儿童和非留守儿童的投币结果分布并不存在显著差异(非竞争情境的费雪精确检验 $\chi^2(10) = 10.03$,$p = 0.444$;竞争情境下的费雪精确检验 $\chi^2(10) = 9.07$,$p = 0.511$)。

4.5 稳健性检验

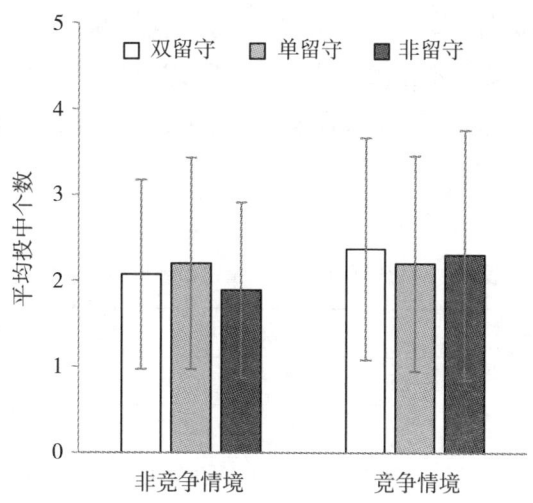

图 4.8 双留守、单留守和非留守儿童在非竞争情境和竞争情境中的投币结果

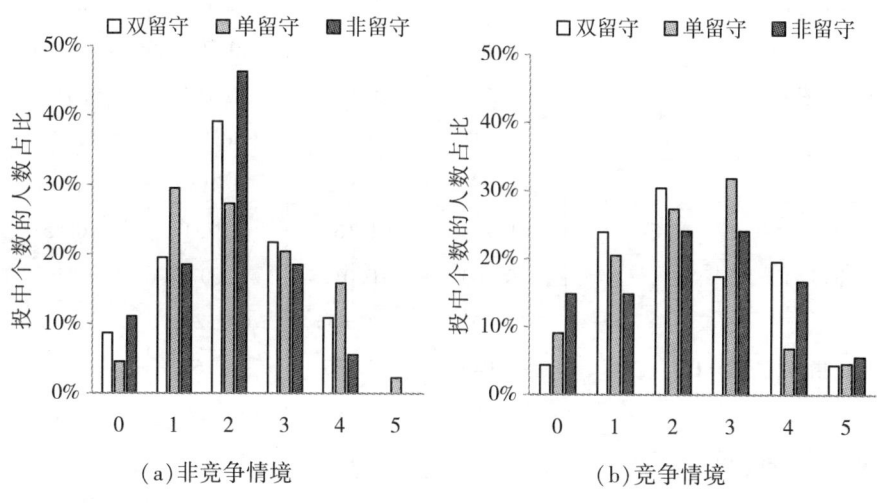

图 4.9 双留守、单留守和非留守儿童在两种情境下的投币结果分布

表 4.7 汇报了双留守、单留守和非留守儿童投币表现的 OLS 回归分析结果。结果表明,双留守和单留守情况、性别、年龄和身高等特征对儿童在两轮投币中的表现均没有显著影响。在表 4.7 第(2)栏和第(4)栏,本研究还加

入了儿童父亲或母亲的最高学历和家庭年收入信息，结果仍是所有的变量系数都不显著。这说明，在完成本研究设计的投币游戏这个实验任务上，留守儿童和非留守儿童之间不存在表现差异或能力差异，甚至儿童完成投币任务的表现跟儿童的个体特征和家庭背景都没有关系。当然，这也是实验设计所期望的效果。

表 4.7　双留守、单留守和非留守儿童投币结果的回归分析

OLS 回归 因变量：投中个数	非竞争情境		竞争情境	
	(1)	(2)	(3)	(4)
双留守儿童=1	0.163	0.077	0.012	-0.175
	(0.72)	(0.25)	(0.05)	(-0.47)
单留守儿童=1	0.327	0.010	-0.094	0.001
	(1.42)	(0.03)	(-0.34)	(0.00)
性别(男=1)	0.150	0.067	0.180	-0.041
	(0.78)	(0.26)	(0.79)	(-0.14)
年龄(岁)	0.077	0.003	-0.154	0.031
	(0.57)	(0.02)	(-0.96)	(0.15)
身高(cm)	0.023	0.032	0.017	-0.018
	(1.14)	(1.16)	(0.73)	(-0.55)
体重(kg)	-0.003	-0.012	0.007	0.036
	(-0.17)	(-0.45)	(0.32)	(1.13)
BMI 指标(正常=1)	-0.043	-0.087	-0.169	-0.331
	(-0.22)	(-0.33)	(-0.72)	(-1.07)
父或母最高学历		0.033		0.016
		(0.23)		(0.09)
家庭年收入		0.043		0.034
		(0.40)		(0.26)
非竞争中的表现			0.117	0.218
			(1.15)	(1.62)

续表

OLS 回归 因变量：投中个数	非竞争情境		竞争情境	
	（1）	（2）	（3）	（4）
常数	−1.960	−2.213	0.924	3.147
	(−0.87)	(−0.73)	(0.35)	(0.87)
Wald Test 双留守 vs 单留守	0.498	0.831	0.709	0.641
N	143	89	143	89
R^2	0.043	0.030	0.037	0.067

注：括号中为 t 值；$^*p<0.10$，$^{**}p<0.05$，$^{***}p<0.01$。由于有一名被试未能测量到身高和体重，因此进入回归的被试样本为143人；纳入家庭信息后，样本下降为89人，因为家长问卷只收回89人。本研究已经检验过，有家长问卷和无家长问卷的两组儿童在个人特征和留守状况上不存在显著差异。本研究也考虑了将父母学历分组和家庭收入分组处理成虚拟变量进行回归，结果与本表类似。

图 4.10 直观地展示出，无论双留守儿童还是单留守儿童，与非留守儿童的竞争偏好都存在较大差异。非留守儿童有 46% 的人在第三轮任务中选择

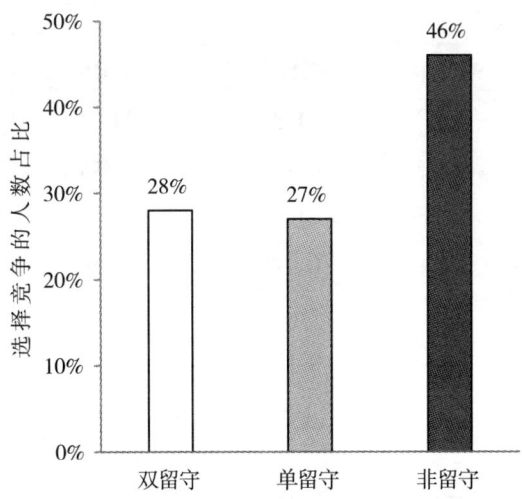

图 4.10 三类儿童的竞争参与选择的人数占比

参与锦标赛竞争游戏，而双留守儿童只有28%做同样选择，单留守儿童只有27%做同样选择。双留守儿童和单留守儿童与非留守儿童之间的差异在统计上十分显著（双侧 t 检验，双留守儿童 vs 非留守儿童，$p=0.065$；单留守儿童 vs 非留守儿童，$p=0.054$）。而双留守儿童和单留守儿童之间，在竞争参与方面没有显著差异（双侧 t 检验，$t(88)=0.103$，$p=0.918$）。这表明双留守儿童和单留守儿童竞争偏好上均与非留守儿童存在显著差异，但双留守儿童和单留守儿童之间的竞争偏好却没有显著差异。

表4.8进一步汇报了各种因素与儿童竞争选择的回归结果。在全部回归模型中，非留守儿童作为比较基准没有进入回归，双留守儿童和单留守儿童的回归系数都为负数且统计显著。这表明，与非留守儿童相比，无论双留守儿童还是单留守儿童，他们选择参与竞争的可能性都显著更低。在第(3)栏加入父母学历和家庭收入信息后，双留守儿童和单留守儿童的系数变大，且更加显著了。

表4.8　　　　　　　　　儿童竞争参与选择的回归分析

Probit 回归 因变量：选择参与竞争 = 1	（1）	（2）	（3）
双留守儿童 = 1	-0.506*	-0.459*	-1.135***
	(-1.92)	(-1.71)	(-3.01)
单留守儿童 = 1	-0.523*	-0.595**	-0.769**
	(-1.94)	(-2.15)	(-2.24)
非竞争情境中的表现	0.042	0.066	0.060
	(0.41)	(0.63)	(0.43)
竞争情境中的表现	0.134	0.153*	0.078
	(1.61)	(1.77)	(0.69)
性别（男 = 1）		-0.179	-0.222
		(-0.79)	(-0.73)

续表

Probit 回归 因变量：选择参与竞争=1	(1)	(2)	(3)
年龄(岁)		-0.153	-0.227
		(-0.97)	(-1.11)
身高(cm)		0.005	0.015
		(0.22)	(0.45)
体重(kg)		-0.028	-0.024
		(-1.23)	(-0.68)
BMI 指标(正常=1)		-0.111	0.065
		(-0.48)	(0.21)
父或母最高学历			0.061
			(0.36)
家庭年收入			0.005
			(0.04)
常数	-0.482	1.273	0.647
	(-1.54)	(0.48)	(0.18)
Wald Test 双留守 v.s. 单留守	0.952	0.643	0.334
N	144	143	89
R^2	0.092	0.171	0.196

注：括号中为 t 值；$^* p<0.10$，$^{**} p<0.05$，$^{***} p<0.01$。由于有一名被试未能测量到身高和体重，因此进入回归的被试样本为143人；纳入家庭信息后，样本下降为89人，因为家长问卷只收回89人。本研究已经检验过，有家长问卷和无家长问卷的两组儿童在个人特征和留守状况上不存在显著差异。本研究也考虑了将父母学历分组和家庭收入分组处理成虚拟变量进行回归，结果与本表类似。

4.5.2 父母陪伴的不同影响

(1) 父母离家对儿童竞争参与行为的影响

本研究再将留守儿童分为父亲外出打工的留守儿童和母亲外出打工的留

守儿童,来探究父母角色对儿童的竞争行为是否产生不同的影响;最后本研究引入外出打工父母探家的频率,进一步明确父母陪伴对儿童竞争行为的影响。父母的陪伴和教养,对孩子的成长至关重要。父母双方任何一个缺席孩子的成长过程,都会影响儿童的发展,但两者在儿童发展过程中发挥的作用却很可能不同。现有研究认为,母亲对儿童的教养主要涉及生活照顾、学习指导、行为管教和情感互动等方面(赵娜,2007),父亲则主要是陪孩子玩耍,尤其是激烈的、冒险的、刺激的游戏。随着社会变迁和家庭结构变化,越来越多的女性投入到劳动力市场,父亲在家庭教养中的角色也日益丰富,在孩子眼里,父亲不仅是游戏伙伴,而且是照顾者、保护者、榜样、道德指南、老师和家庭的顶梁柱(Lamb,2004)。研究表明,由于母亲主要承担抚养和教育工作,故对子女的教育发展影响更大;而父亲对孩子的社会心理发展更加重要(吴愈晓等,2018),包括儿童的心理健康水平、自信心、人际关系以及集体融入等一些非认知技能。孟育群等(1997)通过实验表明,父亲在少年社会化过程中的作用较母亲更加显著,父亲对孩子的意志力、独立性、自信和阳刚之气的培养有较大影响。在人际交往方面,父亲的鼓励有利于孩子同伴游戏的丰富性,有利于孩子在同伴交往中发挥主动性。由于父亲与孩子的交往更具开放性,孩子可以从父亲那里获取更多的知识与经验,激发起更多的求知欲、好奇心和自信心,使得孩子在同伴交往过程中显得更加自信(李丹等,2004)。

具体到儿童的竞争偏好形成,究竟与父亲的陪伴有关还是与母亲的陪伴有关?目前尚没有文献探讨上述问题。本书实验数据可以对此进行初步考察。被试样本44名单留守儿童中,只有3名儿童是母亲外出打工父亲在家陪伴的,其他41名儿童均是父亲外出打工母亲在家陪伴的,故难以直接对比与母亲在家的单留守儿童和与父亲在家的单留守儿童。但本书尝试重新对儿童分组,形成两个新的变量,即父亲外出打工的儿童,包括所有双留守儿童和单留守儿童中父亲外出打工的;母亲外出打工的儿童,包括所有双留守儿童和单留守儿童中母亲外出打工的儿童。这可以单从父亲缺席或母亲缺席的角度来看儿童竞争行为的差异。

在竞争表现方面，父亲外出、父亲在家、母亲外出和母亲在家的儿童之间在非竞争情境和竞争情境中的投中个数均没有显著差异（双因素方差分析，非竞争情境，$p=0.697$；竞争情境，$p=0.205$）。在竞争参与选择方面，如图4.11所示，父亲在家和父亲外出的儿童之间选择竞争的比例差异很大，前者有46%选择竞争，后者仅28%选择竞争，两者差异在统计上显著（双侧 t 检验，$t(138)=2.204$，$p=0.029$）；母亲在家和母亲外出的儿童选择竞争的比例分别为38%和29%，也存在差距，但差距只是父亲对应差距的一半，且统计上不显著（双侧 t 检验，$t(138)=1.168$，$p=0.245$）。

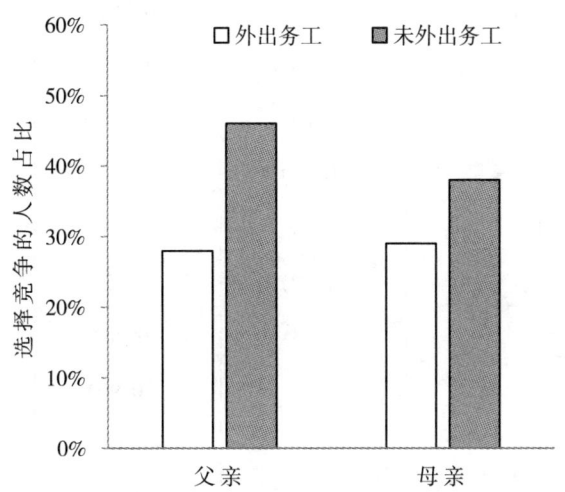

图4.11 父亲和母亲外出务工的儿童选择参与竞争的占比

表4.9中加入控制变量进行 probit 回归分析，考察父亲和母亲外出打工对儿童竞争参与选择的影响。从第（1）栏未加入个体特征，到第（3）栏加入全部控制变量的回归结果都表明，父亲是否外出对儿童是否选择竞争有显著

的影响,且系数为负(即父亲缺席导致儿童更规避竞争);而母亲是否外出对儿童是否选择竞争的影响不显著,符号也不明确。上述结果表明,在竞争偏好形成方面,来自父亲的陪伴比来自母亲的陪伴可能更加重要(当然,这并不否认在其他方面可能母亲又相对更重要)。俗话说:"父亲教会我们勇敢面对",这用于本研究的实验结果倒非常贴切。

表4.9 父亲外出打工和母亲外出打工对儿童竞争参与选择影响的回归分析

Probit 回归 因变量:选择参与竞争=1	(1)	(2)	(3)
父亲外出打工(是=1)	-0.440*	-0.518*	-0.908**
	(-1.66)	(-1.88)	(-2.52)
母亲外出打工(是=1)	-0.072	0.050	-0.218
	(-0.26)	(0.17)	(-0.56)
非竞争情境中的表现	0.039	0.058	0.085
	(0.39)	(0.56)	(0.60)
竞争情境中的表现	0.118	0.128	0.043
	(1.39)	(1.45)	(0.37)
性别(男=1)		-0.207	-0.320
		(-0.90)	(-1.03)
年龄(岁)		-0.190	-0.304
		(-1.19)	(-1.45)
身高(cm)		0.011	0.022
		(0.45)	(0.64)
体重(kg)		-0.029	-0.024
		(-1.25)	(-0.67)

续表

Probit 回归 因变量：选择参与竞争=1	(1)	(2)	(3)
BMI 指标（正常=1）		−0.090	0.145
		(−0.38)	(0.43)
父或母最高学历			−0.012
			(−0.06)
家庭年收入			0.077
			(0.53)
常数	−0.467	0.935	0.424
	(−1.46)	(0.35)	(0.11)
N	140	139	86
R^2	0.139	0.215	0.121

注：括号中为 t 值；* $p<0.10$，** $p<0.05$，*** $p<0.01$。第(1)栏的样本数不是全部样本 144 个，是因为有 4 个儿童问卷未填写父母哪一方不在家。

(2) 父母探家频率对儿童竞争参与行为的影响

本研究前面的研究结果都发现，即使留守儿童和非留守儿童在性别、年龄、身高、体重和父母学历及家庭收入方面几乎没有差异的情况下，留守儿童与非留守儿童在竞争参与选择方面仍存在显著差异，本书认为这可能与留守儿童缺乏父母陪伴有很大关系。为了进一步验证父母陪伴对儿童竞争参与选择方面的影响，本实验询问了外出务工的父亲或母亲平均间隔多长时间回家探望一次孩子。探望频率一方面能表明了父母对孩子陪伴的时间，另一方面也可以推断出父母对陪伴孩子的关心和重视。

简单的统计分析发现：在外务工的父亲中大约有 16% 会每个月探望孩子一次，有 22.7% 会每三个月或半年探望孩子一次，有 61.3% 会每年或更长的时间探望孩子一次；在外务工的母亲中大约有 14.6% 会每个月探望孩子一次,有22%会每三个月或半年探望孩子一次,有63.4%会每年或更长的时间探望孩子一次。外出务工的父亲和母亲探家的频率分布相近,主要是由于很多外出务工的母亲都是跟随外出务工的父亲一起的,较少单独外出务工。

本研究将探望孩子频率纳入控制变量进行回归,结果列示于表4.10。其中,三个探望频率都是虚拟变量,参照基准是非留守儿童(可将非留守儿童父母视为"一直在探望")。可以发现,所有探望频率的系数均为负,表示相对于非留守儿童,无论留守儿童的父母探望频率如何,他们选择参与竞争的概率都更低。进一步,无论父亲在外或母亲在外,"每月探望一次"的系数都不显著;"每三个月或半年探望一次"的系数对父亲在外的情形显著,对母亲在外的情形则不显著;"每年或更长探望一次"对于父亲在外或母亲在外都很显著。这可视为"父母陪伴缺席导致留守儿童缺乏竞争偏好"的又一个证据:如果在外的父母能够相对频繁地探望(陪伴)孩子(如每月一次),则留守的孩子竞争偏好与父母一直陪伴身边的非留守儿童的竞争偏好差异就并不显著;在外父母探望(陪伴)孩子的频率越低(如半年、一年或更长才有一次),则留守孩子与非留守儿童的竞争偏好差异就愈加显著。同时,该回归结果也再次证实了父亲陪伴对于孩子竞争偏好形成的重要性,因为父亲的探望(陪伴)频率比之母亲的探望频率对孩子的竞争参与选择的影响更加显著。

表4.10 父亲或母亲探望频率对儿童竞争参与选择影响的回归分析

因变量:选择参与竞争=1	OLS 回归		Probit 回归	
	父亲外出 (1)	母亲外出 (2)	父亲外出 (3)	母亲外出 (4)
每月探望一次	-0.037	-0.530	-0.064	
	(-0.16)	(-1.48)	(-0.10)	
每三个月或半年探望一次	-0.466**	-0.322	-1.576**	-0.973
	(-2.57)	(-1.43)	(-2.42)	(-1.36)

续表

因变量：选择参与竞争 = 1	OLS 回归		Probit 回归	
	父亲外出 (1)	母亲外出 (2)	父亲外出 (3)	母亲外出 (4)
每年或更长探望一次	-0.365***	-0.323**	-1.013***	-1.092**
	(-2.88)	(-2.25)	(-2.80)	(-2.21)
非竞争情境中的表现	0.036	0.049	0.136	0.192
	(0.74)	(1.00)	(0.94)	(1.24)
竞争情境中的表现	0.006	0.031	0.012	0.117
	(0.14)	(0.77)	(0.10)	(0.93)
性别(男=1)	-0.084	-0.033	-0.291	-0.118
	(-0.74)	(-0.29)	(-0.88)	(-0.34)
年龄(岁)	-0.107	-0.217**	-0.298	-0.692**
	(-1.36)	(-2.61)	(-1.33)	(-2.55)
身高(cm)	0.010	0.013	0.027	0.037
	(0.81)	(1.05)	(0.73)	(0.94)
体重(kg)	-0.011	-0.009	-0.037	-0.038
	(-0.88)	(-0.77)	(-0.96)	(-0.92)
BMI指标(正常=1)	0.032	-0.061	0.109	-0.160
	(0.26)	(-0.53)	(0.30)	(-0.46)
父或母最高学历	-0.003	0.008	-0.014	0.010
	(-0.04)	(0.12)	(-0.07)	(0.05)
家庭年收入	0.033	0.044	0.077	0.119
	(0.61)	(0.82)	(0.50)	(0.72)
常数	0.406	0.788	0.034	1.717
	(0.30)	(0.58)	(0.01)	(0.41)
N	79	79	79	77
P	0.187	0.170	0.132	0.104

注：括号中为 t 值；* $p<0.10$，** $p<0.05$，*** $p<0.01$。由于部分父母问卷信息存在缺失，回归样本数 $N=79$。

本节通过分样本分析对本章的实验结果进行了稳健性检验。通过分样本分析可以发现：①双留守儿童和单留守儿童在本实验中的投币表现和竞争参与选择并没有显著差异。②不管是双留守儿童还是单留守儿童，均显著比非留守儿童更加规避参与竞争。③父亲或母亲外出打工均对儿童的竞争参与选择产生一定的负向影响，但父亲的影响更大更显著。④父母探望频率越低的儿童越显著的规避参与竞争。综上可以发现留守儿童确实比非留守儿童更加规避参与竞争，且这种差异很可能是由于留守儿童在成长过程中更加缺乏父母的陪伴。

4.6 本章小结

在我国市场化改革和城市化进程中，农村父母外出打工一方面为家庭挣得了经济收入，另一方面也造成了大量儿童和老人留守农村的情况。缺乏父母的陪伴，可能导致留守儿童在性格养成和人格发展方面的问题。本研究首次通过经济学实验方法提供了留守儿童更缺乏竞争偏好、更加规避竞争的证据。

本研究的实验结果说明，留守儿童比非留守儿童显著地规避参与竞争。留守儿童和非留守儿童的这种竞争偏好差异，并不是由于儿童在实验任务中的能力和表现引起的，因为在实验任务中两个群体的能力和表现没有显著差异；与儿童的性别、体格（身高/体重）、父母的教育程度和家庭经济状况都没有关系，因为这些因素对儿童的竞争选择行为都没有显著影响。在可理解的范围内，正是"留守"（缺乏父母陪伴）这一状态，显著影响了儿童的竞争偏好。

一个可能的解释是留守儿童和非留守儿童的自信心存在差异。已有文献表明，在竞争参与决策中，自信心是影响选择参与竞争的一个重要因素（Niederle & Vesterlund, 2007）。越自信就越倾向于选择参与竞争。对留守儿童心理发展的不少心理学研究都发现，留守儿童比非留守儿童更加内向和缺乏自信(常青和夏绪仁，2007)。留守儿童倾向于对个人的外貌、能力和幸福感产生负面的自我评价，他们比非留守儿童自尊水平更低，更加自卑(刘玉兰，2013)。同时留守儿童比非留守儿童具有更低的自我认知，自我满足和自我行动力(洪恬等，2012)。这表明留守儿童更少选择参与竞争可能与他们缺乏自信有关。

另一个可能的解释是儿童的社会情感发育水平存在差异。安全和值得信赖的环境以及亲子之间积极的互动会影响神经通路的形成和结合，从而使大脑得到正常发育，帮助儿童释放所有的潜能。如果长期缺乏连续可靠的和养育者之间的社会性互动，没有合格负责任的养育者，就会影响儿童大脑的发育。长期处于这种状态的儿童，面对社会竞争的压力很容易陷入有毒害的应激状态(hypothalamic-pituitary-adrenal，HPA axis)(Sapolsky，2004；Tough，2012)。儿科神经学家Nelson等人追踪研究了罗马尼亚孤儿院的儿童的大脑发育情况。他们研究发现即使获得温饱保障，因为缺乏认知刺激、社会交往和情感支持，许多儿童存在长期的认知和非认知方面的问题(Nelson et al.，2013)。磁共振成像数据也显示，与那些亲生父母养大的儿童相比，8岁的孤儿脑中与注意及语言相关的白质和灰质区域更小。这表明儿童的大脑会留下被忽视的印迹，最终会导致行为的差异。此外，在中国西部进行的由斯坦福大学主持的"农村教育行动项目"调查研究发现，在中国西部农村地区，留守儿童比非留守儿童表现出显著的认知滞后，而且这种滞后差距会随着儿童年龄增长而不断增大(Yue et al.，2017)。

对于实验结果的稳健性检验中本研究还发现，父亲缺席或母亲缺席对儿童的竞争偏好都有影响，会导致儿童更不愿参与竞争，但父亲的影响更大且统计上显著，母亲的影响则相对较小且统计上不显著。这说明，父母的陪伴对于儿童成长非常重要，但在竞争偏好形成这一单独的方面，父亲的陪伴尤其重要。已有文献中也发现父亲对于儿童的社会心理发展更加重要(吴晓愈等，2018)，父亲的受教育程度及兄弟的个数对个人社会竞争参与决策具有显著影响(Carpenter et al., 2018)。本书的发现与已有文献的结论具有一致性，毕竟，是"父亲教会我们勇敢面对"。

本研究也存在某些局限性和问题，有待未来的研究予以克服。本研究是非随机实地实验，被试身份是前定的而不是随机分配的，故不排除遭遇潜在"遗漏变量"导致样本选择偏误的可能性。① 当然，我们做了大量工作来缓解对这一问题的担忧，最主要的工作一是直接控制最有可能同时影响"留守"身份和竞争偏好的变量（如父母教育程度和家庭收入状况），二是考察家长联系孩子的频率（这个局限于留守儿童样本，因而无关乎样本选择偏误），并发现了陪伴频率与竞争偏好的关系，这是可以确认父母陪伴与儿童竞争偏好存在因果关系的有力证据。最后，虽然证据表明"留守"或缺乏父母陪伴是令孩子更规避竞争的原因，但目前我们仍不清楚其中的影响机制。缺乏父母陪伴可能会影响孩子的自信心，也可能会影响孩子的性格发育甚至大脑和认知的发育，所以对其中影响机制的研究，很难由经济学家单独完成，尤需包括经济学、心理学、认知神经科学在内的多学科交叉研究来支持。

---

① 倘若真的存在这样的遗漏变量，且遗漏变量对"留守"身份和儿童竞争偏好的影响方向刚好相反，会导致估计结果上偏或下偏，否则就无法确定有偏的方向。具体地，若遗漏变量对"留守"身份负向影响而对竞争偏好正向影响，则可能低估留守儿童规避竞争的程度；若遗漏变量对"留守"身份正向影响而对竞争偏好负向影响，则可能高估留守儿童规避竞争的程度；若遗漏变量对"留守"身份和竞争偏好的影响都是正（或负）向的，则难以确定估计结果将会上偏还是下偏。

第 5 章 留守与儿童的自我竞争偏好

5.1 引言

在儿童社会竞争参与决策实验中,本书已经发现留守儿童显著比非留守儿童更加规避参与竞争。非留守儿童中有近46%的人选择参与社会竞争,而留守儿童中仅有28%的个体选择参与竞争,由此可以推断在社会竞争方面,留守儿童的竞争偏好更低。随着研究的深入,近两年的文献开始将对竞争偏好的测度更加细化到区分社会竞争和自我竞争下的竞争行为。

自我竞争参与决策在一定程度上可以反映个体不断寻求自我挑战的愿望和行为。哈佛商业评论(Harvard Business Review, 2016)的调查发现,不断寻求自我挑战也是高层管理者和成功人士必备的一个重要素质。社会竞争和自我竞争都可以激励个体提升能力获得更好的表现。但社会竞争对于个体在群体中获得一定地位和权益具有重要作用,社会竞争参与决策是一个涉及社会交往和社会互动的复杂决策。而自我竞争则只涉及个体自己过去的行为表现。已有研究发现,个体在社会竞争和自我竞争设置中的参与决策可能并不相同(Apicella et al., 2017; Klinowski, 2017; Carpenter et al., 2018)。当前从自我竞争角度研究竞争偏好才刚起步,国内尚没有这类研究。

第5章 留守与儿童的自我竞争偏好

考虑到留守儿童与非留守儿童存在社会竞争偏好差异，本章拟从自我竞争参与决策角度进一步探究儿童的竞争行为。特别地，在与他人互动的竞争中，留守儿童比非留守儿童更规避竞争（第4章的基本结论），那么，在不需要与他人互动的自我竞争中，留守儿童还会如此吗？

本研究运用实地实验方法，以我国河南省某农村小学141名9~11岁的小学生为被试，考察留守儿童与非留守儿童的自我竞争参与决策的差异。研究结果发现：留守儿童和非留守儿童在自我竞争决策方面没有显著差异，都积极参与自我竞争。接下来，本章在第二部分介绍本研究的方法和实验设计，第三部分介绍数据的基本情况并进行随机分组检验，第四部分详细分析实验结果，第五部分通过将留守儿童进行子样本分析进行稳健性检验，最后是总结。

5.2 实验设计及执行

5.2.1 实验参与者

为了与第4章的实验结果进行对比，本实验被试也是来自河南省信阳市胡店乡中心小学。第4章的与他人竞争的实验是在2017年6月份执行，当时正值学期末，招募的被试为当时处于三年级和四年级的小学生。本实验是在2018年9月份执行，正值学期初，为了将两次实验的被试的年龄和受教育程度保持相近，本实验招募的被试为四年级和五年级的小学生（即在2018年6月份时正好处于三年级和四年级）。本实验所有被试均是第一次参加本研究的实验。

本次实验招募也是以班为单位，每个年级随机挑选一个班，共招募到被试141人（实验经济学研究样本量一般不大，100~200人在实验经济学研究中是比较常见的样本量）。在每个班，实验员都告诉学生，将带领他们玩一个可以赚钱的游戏，并询问他们是否愿意参加游戏，每个学生都举手表示

"愿意"。在实验正式开始前，实验员还告诉每一位被试，他们在游戏过程中可以随时决定退出游戏且不会受到惩罚，但最后所有被试都完成了游戏，无人中途退出。

5.2.2 实验设计

实验设计参照 Apicella 等(2017)的研究范式，探讨个体与自己竞争时的竞争参与选择。实验任务仍然是类似 Gneezy 等(2009)的投币入篮游戏。实验开始前被试被告知需要完成两轮投币游戏，每轮可以投 10 个游戏币。被试需要将游戏币投入 1.4 米外的篮子中，每投中 1 个可以获得一定的奖励。两轮投币完成后随机抽其中的一轮的结果给他们发放奖励。两轮投币规则如下：

第一轮：计件游戏。在这轮投币中，被试每投进篮中一个游戏币可以获得 5 角钱。投完后被试在"投币结果报告单上"填写自己投中的个数，实验员逐一检查篮子确认。

第二轮决策 1：自我竞争选择。在这轮开始投币前，被试需要选择是否与自己第一轮投中的结果进行比赛。若选择比赛，则本轮报酬与比赛胜负相关。在比赛中，若第二轮投中的个数超过第一轮的，则赢得比赛，在第二轮每投中一个获得 1 元钱；若第二轮投中的个数未超过第一轮的，则输掉比赛，在第二轮的报酬为 0。若选择不比赛，则被试在第二轮的报酬只与自己本轮的表现相关，也是每投中一个可以获得 5 角钱。被试首先需要在"投币结果报告单"上就："在第二轮投币中，你愿意跟你自己第一轮的结果进行比赛吗？"进行选择。

第二轮决策 2：目标设定。被试在做完选择后不立即开始第二轮投币。而是需要为第二轮投币的结果设定一个目标。即在"投币结果报告单"上填写："如果让你给自己第二轮投中的个数设定一个目标，你会设定的目标是：投中_____个币"。设置这个环节是因为早期的一些研究也会通过目标设定的高低来反映个体自我挑战和自我提升的欲望程度，即个体的进取心水平。但为了不增加决策和被试计算报酬的难度，本实验只要求被试根据自己的真实想法填写自己的目标，并未对目标设定及完成结果给予真实的物质激励。因此，这个环节实验的结果主要用来作为辅助的证据。

完成竞争选择和目标设定后，被试开始第二轮投币。完成投币后，被试在"投币结果报告单上"填写自己在第二轮投中的个数，实验员逐一检查篮子确认。

完成二轮投币后，被试从两张标有 1 或 2 的扑克牌中随机抽取一张，抽到数字几，本实验就按被试第几轮的投币结果给其发放报酬。被试平均获得报酬 2.72 元。

此外在本实验完成后，本实验还在学生问卷中测度了被试的风险偏好和自我效能感水平。因为有研究发现，在自我竞争实验中，风险程度和个体的自信水平与自我竞争参与决策显著正相关（Klinowski，2017）。风险偏好测度中，本研究准备了一个抽奖箱，箱中有两个乒乓球，一黄一白。实验员告诉学生接下来要玩一个抽奖游戏，抽奖箱中有一个黄球和一个白球。抽奖游戏有三种玩法，玩法一：抽中黄球得 5 元，抽中白球得 0 元；玩法二：抽中黄球得 4 元，抽中白球得 1 元；玩法三：抽中黄球得 3 元，抽中白球得 2 元。学生需要从三种玩法中选择一种自己最想玩的玩法，然后实验员从每班中随机抽取 5 名学生现场根据他们本人选择的玩法进行抽球游戏。自我效能感（self-efficacy）是指人们对自身能否利用所拥有的技能去完成某项工作行为的自信程度，这一概念自 20 世纪 70 年代被提出之后，在组织行为学领域应用广泛。国内外研究表明，自我效能感对于提高工作绩效、增强工作动机、改善工作态度都有重要意义（周文霞和郭桂萍，2006）。

5.2.3 实验执行

实验在 2018 年 9 月执行，学生问卷在实验完成后即由学生填写并当时回收，共有被试 141 人，回收有效问卷 141 份，回收率 100%。本研究同样发放了家长问卷，但由于留守儿童家长不在本地，本地家长也有部分难以联系，仅回收到有效家长问卷45份，回收率较低(32%)，① 因此在本研究中不再引入家长问卷进行分析。

实验在河南省信阳市胡店乡中心小学开展。实验在学校两栋教学楼之间的一片空地上进行(同第4章实验地点相同)。在空地的四个角落分别设置实验点，每个班的被试被随机分成四组，每组被试对应一个实验地点，四组实验由一名实验员组织同时进行。在实验开始前，在每个实验点设立了一个桌子，桌子上放置了笔、投币结果报告单和20个游戏币(2种颜色，每种颜色10个币，每轮投币采用不同颜色的游戏币方便实验员核查投中个数)。实验过程中，被试只需要听实验员讲解实验说明，并按照实验说明进行操作即可，每个被试需要背对其他组被试，被试之间不能互相观察，也不同互相交流。实验全程由另一名实验员现场控制秩序和管理纪律。实验开始后，由一名实验员将被试从等待区叫到每个实验点进行实验，做完实验后的被试直接返回教室，不能与等待区未参加实验的被试进行交流。每组实验大约5分钟，实验全程大概持续4.5个小时，上午和下午各完成一个班，中间是放学午休，学生都被家长接回家，上午和下午参加实验的被试应该很少有机会互相交流。共141名被试完成实验任务。

5.3 数据及随机分组检验

5.3.1 变量

本章核心的被解释因量有三个，均从实验中获得，分别是第一轮的投币结果，第二轮"计件 vs 比赛"间的选择，和第二轮设定的目标个数。其中投币结果是指被试在该轮将塑料币投入篮中的个数。竞争选择为虚拟变量，选

---

① 在2017年6月的实验(第四章)中，为了回收更多家长问卷，本研究将问卷发放工作放在了寒假甚至春节期间，该期间儿童父母归家较多。此次实验于2018年9月进行，由于研究日程的限制，无法再拖延至2019年春节进行问卷工作，选择即时发放家长问卷，因而回收的问卷就比较少。

择与第一轮比赛(即比赛)设为1,选择计件则设为0。目标个数即为第二轮投币设定的目标。

本章的核心解释变量是个体的留守情况。本研究同样在问卷中询问了儿童父母现在是否在外地打工,若儿童的父母中有一方或者两方均在外打工,本研究就将该儿童定义为留守儿童($N=88$),否则为非留守儿童($N=53$)。此外在稳健性检验中,本研究进一步根据父母外出打工情况将留守儿童分为两类:父母均在外打工的定义为双留守儿童($N=43$);父母一方在外打工的定义为单留守儿童($N=45$)。

其他控制变量有儿童的性别、年龄、兄弟姐妹个数、在兄弟姐妹中的排行和每周零花钱。其中年龄是根据被试的身份证号中提取计算的。考虑到在第三章的实验中搜集被试的信息发现,大部分被试有兄弟姐妹,因此在本章实验中直接收集了被试兄弟姐妹的数量和其在兄弟姐妹中的排行。搜集被试每周的零花钱数量,在一定程度上反映被试的家庭经济情况。这种风险偏好测度中,从玩法一到玩法三的期望收益是相同的,但风险水平逐渐降低,风险规避程度从低到高。在后面的数据分析中,本研究将风险偏好定义为取值为1、2、3的连续变量,取值越大,越规避风险。进行抽球游戏的学生实验员现场为其支付报酬。本实验采用国际上广泛使用的一般自我效能量表(GSES)的中文版(王才康等,2001),个体根据自己的日常情况回答10道题,每道题有4个计分等级(1=完全不符合,4=完全符合),10道题总分越高表明个体自我效能水平越高。

表5.1为本章所有变量的描述性统计。从表中可知,个体第一轮平均投中3.85个,最高的投中9个,无人全部投中。在第二轮竞争选择中,80%的被试选择了与自己第一轮的结果比赛。第二轮目标设定中,个体设定的平均目标为5.78个,显著高于他们第一轮投中的个数。其中,有3个被试未填写目标设定,为缺失值。参加本实验的儿童平均年龄在9.5岁,有62%的是留守儿童,有55%的男童,平均有1.34个兄弟姐妹,平均在家排行1.89,每周零花钱平均1.98元(实验中被试实际所得报酬平均为2.72元,虽然金

额不高，但对这贫困农村孩子来说还是具有相当的刺激），风险偏好平均水平为 2.44，自我效能感平均得分 23.86。其中观测值少于 141 的皆因为未完成相应问题的填写，自我效能感得分中也剔除了未完成自我效能量表全部题目的 8 个样本。

表 5.1 变量的描述性统计

变量	观测值	均值	标准差	最小值	最大值
第一轮投币结果	141	3.85	1.89	0	9
"计件 vs 比赛"选择(比赛=1)	141	0.80	0.40	0	1
第二轮目标设定	138	5.78	2.05	1	10
留守情况(留守儿童=1)	141	0.62	0.49	0	1
性别(男=1)	141	0.55	0.50	0	1
年龄(岁)	141	9.50	0.62	9	11
兄弟姐妹个数	139	1.34	0.70	0	3
兄弟姐妹中排行	137	1.89	0.76	1	4
每周零花钱(元)	140	1.98	3.66	0	20
风险偏好(1.高风险，2.中风险，3.低风险)	140	2.44	0.73	1	3
自我效能感	133	23.86	4.79	13	37

注：观测值少于 141 的变量皆因剔除了未完成相应问题的个体，其中自我效能感得分中也剔除了未完成自我效能量表全部 10 个问题的样本。

5.3.2 随机分组检验

本实验主要探讨留守儿童和非留守儿童在自我竞争选择和目标设定方面是否存在差异，因此需要对留守儿童和非留守儿童的其他个体特征进行随机分组检验。表 5.2 报告了留守儿童和非留守儿童个体特征分布的双侧 t 检验结果。从表中可以看到，留守儿童和非留守儿童在性别分布、兄弟姐妹数量、每周零花钱和自我效能感得分方面均没有显著差异。在年龄分布方面，留守儿童与非留守儿童的平均年龄差异显著（$p=0.019$），但绝对值差异非常小，本书在后面的回归分析中会加入留守情况与儿童年龄的交互项。在排行方面，留守儿童与非留守儿童排行略微有差异，差异不是很显著，本书在回归分析中也会加入排行信息，进一步探讨排行的影响。总体来说，本实验中留守儿童和非留守儿童的分组具有一定的随机性。

表 5.2 随机分组检验

变量	留守儿童		非留守儿童		双侧 t 检验
	N	均值	N	均值	p 值
性别（男=1）	88	0.56	53	0.55	0.912
年龄（岁）	88	9.41	53	9.66	**0.019**
兄弟姐妹个数	87	1.31	52	1.38	0.545
兄弟姐妹中排行	87	1.80	50	2.04	0.083
每周零花钱	87	1.62	53	2.57	0.139
风险偏好（1.高风险，2.中风险，3.低风险）	87	2.45	53	2.43	0.911
自我效能感	83	23.99	50	23.66	0.704

注：留守儿童观测值少于 88 个，非留守儿童观测值少于 53 个的变量，皆因个体未完成相应的问题，当作缺失值处理。

5.4 实验结果

5.4.1 第一轮投币结果

图 5.1 是儿童在第一轮平均投中的个数。可以看到，留守儿童在第一轮计件任务中平均投入 3.74 个币（s.d.=1.97），非留守儿童平均投入 4.04 个

币(s.d. =1.75),从均值上看,两组儿童在第一轮投币中的表现没有显著差异(双侧 t 检验,$t(139)=0.91$,$p=0.366$)。从图 5.2 儿童在第一轮投币结果的分布中可以看到,留守儿童和非留守儿童的投币结果均呈现正态分布,在比较集中的投中 2~7 个区间内,留守儿童和非留守儿童在每个投中个数上的占比都几乎相同。总体来看,留守儿童和非留守儿童在第一轮投币结果的分布也不存在显著差异(费雪精确检验 $\chi^2(9)=5.60$,$p=0.841$)。

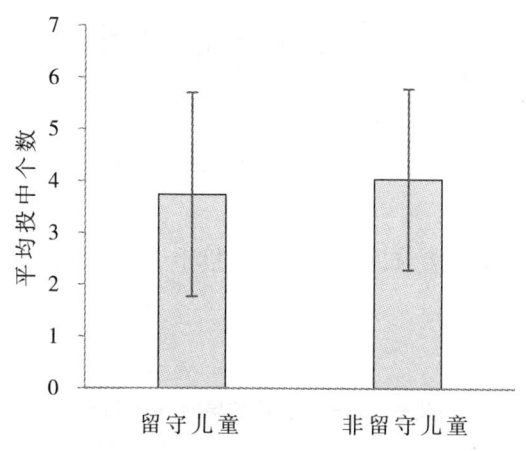

图 5.1 儿童在第一轮的平均投中个数

表 5.3 是儿童在第一轮投币结果的 OLS 回归分析。在第(1)栏分析中,考虑到留守儿童和非留守儿童在年龄上存在显著差异,本研究加入了年龄和留守儿童与年龄的交互项,回归结果可以看到留守儿童的系数为负但不显著。年龄的系数显著为正,表明年龄对儿童第一轮的投币表现有显著正向影响,年龄越大第一轮投中的个数也越多,年龄系数为正这一点与第 4 章的投币结果也是一致的。第(2)栏加入其他个体特征变量和自我效能感得分后回归发现,年龄的系数仍然显著,只是显著性降低为边缘显著($p=0.103$),同时性别的系数显著为正,表明,男童比女童在第一轮的投中个数更高。核心解释变量留守儿童的系数变化较小,且仍然不显著。

综上可知,在第一轮投币中,留守儿童和非留守儿童的投币结果并没有

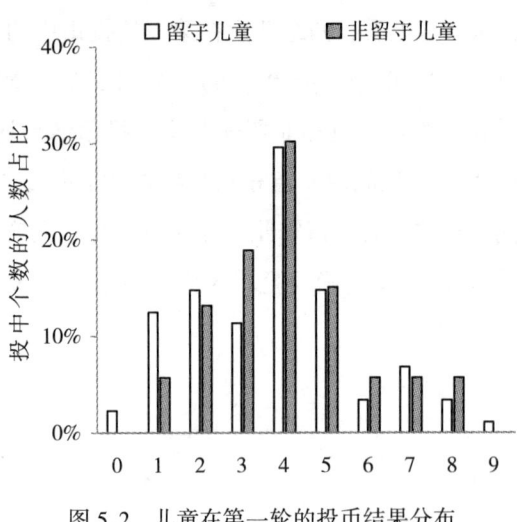

图 5.2 儿童在第一轮的投币结果分布

显著差异，表明留守儿童和非留守儿童在投币中表现出来的能力并没有显著差异。

表 5.3　　　　　　　儿童在第一轮投币结果的回归分析

OLS 回归 因变量：第一轮投币结果	（1）	（2）
留守儿童 = 1	-1.856	-0.877
	(-0.38)	(-0.17)
年龄（岁）	0.782**	0.670
	(2.09)	(1.65)
留守 * 年龄	0.186	0.082
	(0.36)	(0.15)
性别（男 = 1）		0.547
		(1.54)
兄弟姐妹个数		-0.179
		(-0.62)

续表

OLS 回归 因变量：第一轮投币结果	(1)	(2)
兄弟姐妹中排行		0.143
		(0.54)
每周零花钱		-0.030
		(-0.66)
风险偏好		-0.092
		(-0.38)
自我效能感		0.003
		(0.10)
常数	-3.517	-2.669
	(-0.97)	(-0.68)
N	141	127
R^2	0.086	0.107
F	4.294	1.559
p	0.006	0.136

注：括号中为 t 值；* $p < 0.10$，** $p < 0.05$，*** $p < 0.01$。第（2）栏部分控制变量存在缺失值导致观测值减少 13 个。

5.4.2 自我竞争参与选择

图 5.3 是儿童在第二轮自我竞争参与决策中的选择结果。如图所示，有 80% 的留守儿童选择与自己第一轮投币结果进行比赛（s.d. = 0.41），非留守儿童中有 81% 的人选择与自己第一轮结果进行比赛（s.d = 0.39），由此可见，在选择是否与自己过去的成绩竞争时，留守儿童与非留守儿童的竞争参与选择不存在显著差异（双侧 t 检验，$t(139) = 0.23$，$p = 0.821$）。由于本实验中选择不参加竞争的占比较少，本节分析中不再根据儿童第一轮的投币结果分低能力、中能力和高能力进行分析了。

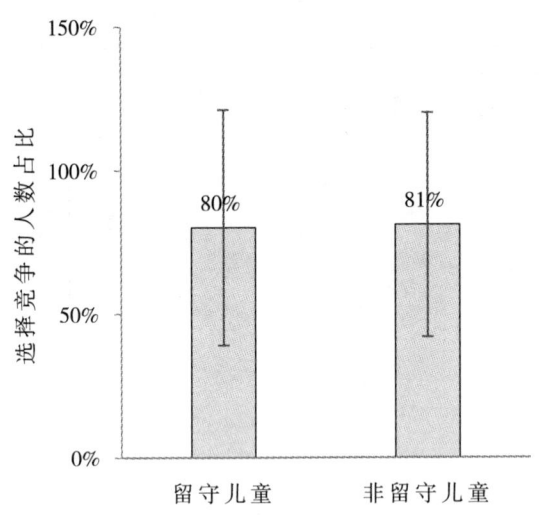

图 5.3 儿童在第二轮的自我竞争参与选择

表5.4进一步汇报了各种因素与儿童竞争选择的回归结果。儿童竞争选择是0~1变量，本书汇报了probit回归结果。从表6第(1)栏和第(2)栏的回归结果可以看到，非留守儿童作为基准组，留守儿童的系数均不显著。这表明，即使控制住被试的个体信息，留守儿童和非留守儿童在选择是否与自己过去的成绩比较时所做出的竞争参与决策没有显著差异。在第(2)栏中，性别的系数为正且非常显著。事实上，男童中有88%的人选择与自己竞争，女童中有70%的人选择与自己竞争，男童显著比女童更积极地选择与自己竞争（双侧t检验，$t(139)=2.81$，$p=0.006$）。此外，在第(2)栏的控制变量中，风险偏好的系数显著且为负，说明越风险规避的儿童越倾向于不参与自我竞争。这与已有文献的研究结论一致。

综上可知，在本实验中还发现，留守儿童与非留守儿童在自我竞争参与决策中没有显著差异，但男童比女童显著更加积极地参与自我竞争。本实验的研究结论与本书第4章实验的结果有所差异。在第4章中，留守儿童比非留守儿童更加规避参与社会竞争，且男童与女童在社会竞争决策中没有显著差异。这表明留守儿童和非留守儿童在社会竞争参与决策和自我竞争参与决策上存在显著的行为差异。留守儿童更不愿意参与别人进行竞争,但同非留守儿童一样愿意与自己竞争,努力提高自己的表现水平。竞争参与行为的性别差异方面,国内外存在不一致的结论,有与本书结论一致的,也有不同的。

表 5.4　　　　　　　　儿童自我竞争参与选择的回归分析

Probit 回归 因变量:选择参与竞争 = 1	(1)	(2)
留守儿童 = 1	1.910	1.756
	(0.50)	(0.40)
第一轮投币结果	−0.005	−0.095
	(−0.07)	(−1.14)
年龄	−0.216	−0.104
	(−0.71)	(−0.30)
留守儿童 * 年龄	−0.214	−0.200
	(−0.54)	(−0.44)
性别(男 = 1)		**0.827*****
		(2.71)
兄弟姐妹数量		0.318
		(1.25)
兄弟姐妹中排行		−0.272
		(−1.20)
每周零花钱		−0.008
		(−0.20)
风险偏好		**−0.500****
		(−2.05)
自我效能感		−0.018
		(−0.62)
常数	2.996	3.643
	(1.03)	(1.07)
N	141	127
p	0.502	0.036

注:括号中为 t 值;* $p<0.10$,** $p<0.05$,*** $p<0.01$。第(2)栏部分控制变量存在缺失值导致观测值减少 13 个。

5.4.3 个人目标设定决策

在儿童做完自我竞争参与决策后,我们要求他们进一步为自己接下来一轮的投币游戏设定一个目标。虽然目标完成与否并没有真实物质激励,但实验员仍敦促他们尽可能按照自己的真实想法进行填写。因此本书也拿出这部分数据进行分析以期获得一些洞见。图 5.4 是儿童在第二轮设定的平均目标个数。如图所示,留守儿童设定的平均目标个数为 5.82 个(s.d. = 2.10),非留守儿童设定的平均目标个数为 5.71 个(s.d. = 1.96),两类儿童设定的平均目标个数并没有显著差异(双侧 t 检验,$t(136)=0.30$,$p=0.761$)。

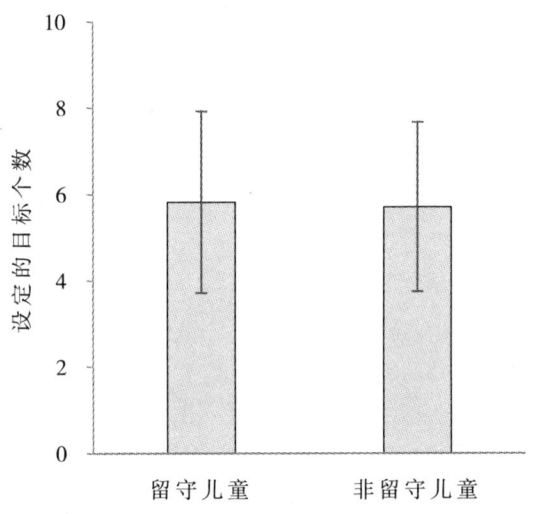

图 5.4 儿童在第二轮设定的平均目标个数

表 5.5 中,本书加入了儿童的个体特征对儿童在第二轮设定的目标进行回归分析。从第(1)栏和第(2)栏的回归结果可以看到第一轮投币结果的系数显著为正,表明,第一轮投中个数高的个体为第二轮设定的目标也更高,这也是符合常识的。在第(1)栏中未加入其他控制变量时,年龄的系数显著为负,表明年龄越大儿童设定的目标个数相对更低。在第(2)栏中加入其他

控制变量后,年龄的系数变小且不显著了,说明年龄的影响可能并不是很稳健。在第(2)栏中,自我效能感水平的系数显著且为正,表明自我效能感越高的儿童设定的目标也越高,这个结果是符合预期的。

综上可知,从个人目标设定角度去考察个体的自我挑战进取心,可以得到与自我竞争参与决策相近的结果,即:留守儿童与非留守儿童在个人目标设定方面也没有显著差异,自我效能感越高的个体越倾向于挑战自己,设定一个更高的目标。

表 5.5 儿童在第二轮设定的目标个数的回归分析

OLS 回归 因变量:目标个数	(1)	(2)
留守儿童 = 1	-4.226	0.539
	(-0.91)	(0.11)
第一轮投币结果	**0.637*****	**0.638*****
	(7.83)	**(7.20)**
年龄	**-0.734****	-0.362
	(-2.01)	(-0.92)
留守儿童 * 年龄	0.457	-0.060
	(0.94)	(-0.12)
性别(男 = 1)		0.055
		(0.16)
兄弟姐妹数量		-0.086
		(-0.31)
兄弟姐妹中排行		-0.192
		(-0.78)
每周零花钱		-0.025
		(-0.59)
风险偏好		-0.332
		(-1.48)

续表

OLS 回归 因变量：目标个数	(1)	(2)
自我效能水平		**0.059**[*]
		(1.84)
常数	10.285^{***}	6.723[*]
	(2.95)	(1.78)
N	138	124
R^2	0.321	0.367
F	15.687	6.562
p	0.000	0.000

注：括号中为 t 值；$^{*} p<0.10$，$^{**} p<0.05$，$^{***} p<0.01$。第(2)栏部分控制变量存在缺失值导致观测值减少 13 个。

5.5 稳健性检验

5.5.1 双留守儿童与单留守儿童的差异

本书进一步分析双留守儿童和单留守儿童在本实验中的表现和决策差异。图 5.5 是双留守，单留守和非留守儿童在第一轮的投币结果。如图所示，双留守儿童第一轮平均投中 4.07 个（s.d=1.78），单留守儿童第一轮平均投中 3.42 个（s.d=2.12），双留守儿童第一轮投中的个数略高于单留守儿童（单侧 t 检验，$t(86)=1.55$，$p=0.062$），但差异幅度不大且显著性不强。双留守，单留守和非留守儿童在第一轮的投币结果没有显著差异（单因素方差分析，$F(140)=1.72$，$p=0.184$）。

图 5.6(a) 是双留守，单留守和非留守儿童在第二轮的自我竞争选择。双留守儿童中有 77% 的人选择与自己第一轮的结果进行比赛（s.d=0.43），单留守儿童中有 82% 的人选择参与比赛（s.d=0.39），双留守与单留守儿童

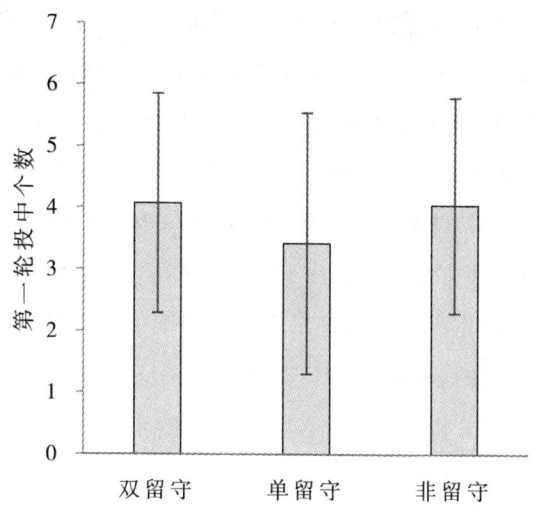

图 5.5 双留守和单留守儿童第一轮的投币结果

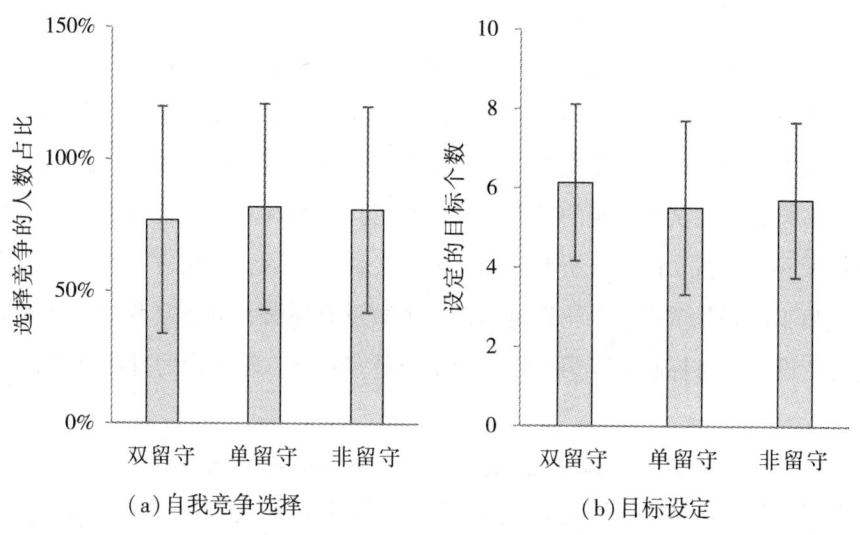

(a) 自我竞争选择　　　　　(b) 目标设定

图 5.6 双留守和单留守儿童第二轮的决策

在自我竞争参与方面没有显著差异（双侧 t 检验，$t(86)=0.63$，$p=0.530$），双留守和单留守儿童与非留守儿童在自我竞争参与选择方面也没有显著差异（单因素方差分析，$F(140)=0.23$，$p=0.795$）。图 5.6(b) 是双留守和单留守儿童在第二轮设定的目标投币个数。如图所示,双留守儿童设定的平均目标为6.14个(s.d=1.98),单留守儿童设定的平均目标为5.51个(s.d=2.19),双留守儿童设定的目标略高于单留守儿童设定的目标(单侧t检验,$t(85)=1.41$,$p=0.082$)。这可能与双留守儿童在第一轮的投币个数略高于单留守儿童有关。但整体来看,双留守,单留守和非留守儿童设定的目标并没有显著差异(单因素方差分析,$F(137)=1.08$,$p=0.342$)。

表5.6是双留守儿童和单留守儿童在本实验中表现的回归分析。第(3)栏是对竞争参与决策的$probit$回归,其他栏是OLS回归。在第(1)栏中对第一轮投币结果的回归分析可见,在控制住儿童的个体特征后,双留守儿童和单留守儿童在第一轮的投币结果与非留守儿童均没有显著差异。年龄的系数显著为正,表明年龄越大的儿童在第一轮投中的个数越多。第(2)栏加入控制变量后对双留守和单留守儿童自我竞争参与选择的OLS回归分析也发现,双留守儿童和单留守儿童在第二轮的竞争参与决策没有显著差异。第(3)栏的$probit$回归结果与OLS回归结果一致。控制变量中,性别的系数显著为正,风险偏好的系数显著为负,表明男童比女童更积极参与竞争,越风险规避的儿童越倾向选择不参加竞争,这个结果与上一节的结论是一致。第(4)栏本书控制了被试第一轮的投币结果对双留守儿童和单留守儿童的目标个数进行了回归分析。回归分析发现加入所有控制变量后,双留守儿童,单留守儿童和非留守儿童在第二轮设定的目标个数没有显著差异,自我效能感越高的儿童设定的目标越高,第一轮投中个数越多在第二轮设定的目标也越高。

表5.6 双留守和单留守儿童在本实验中表现和决策的回归分析

OLS回归 因变量	第一轮投币结果 (1)	参与自我竞争=1 (2)		目标个数 (4)
			(3)	
双留守儿童=1	0.421	−0.069	−0.335	0.108
	(1.03)	(−0.74)	(−0.89)	(0.27)
单留守儿童=1	−0.536	0.007	−0.021	−0.151
	(−1.38)	(0.08)	(−0.06)	(−0.40)

续表

OLS 回归因变量	第一轮投币结果 (1)	参与自我竞争=1 (2)	(3)	目标个数 (4)
性别	0.425	**0.230**^{***}	**0.860**^{***}	0.029
	(1.21)	**(2.87)**	**(2.81)**	(0.09)
年龄	**0.789**^{***}	-0.073	-0.250	-0.365
	(2.81)	(-1.11)	(-1.00)	(-1.30)
兄弟姐妹个数	-0.143	0.080	0.317	-0.073
	(-0.51)	(1.25)	(1.24)	(-0.27)
兄弟姐妹中排行	0.258	-0.078	-0.327	-0.162
	(0.99)	(-1.31)	(-1.39)	(-0.65)
每周零花钱	-0.019	-0.001	-0.009	-0.022
	(-0.44)	(-0.14)	(-0.25)	(-0.51)
风险偏好	-0.144	**-0.094**[*]	**-0.486**^{**}	-0.342
	(-0.62)	**(-1.78)**	**(-1.99)**	(-1.53)
自我效能感	0.004	-0.004	-0.017	**0.059**[*]
	(0.13)	(-0.53)	(-0.59)	**(1.85)**
第一轮投币结果		-0.018	-0.079	**0.626**^{***}
		(-0.86)	(-0.92)	**(6.94)**
常数	-3.952	1.804^{***}	5.047[*]	6.738^{**}
	(-1.37)	(2.73)	(1.95)	(2.39)
Wald 检验 P 值 双留守 $v.s.$ 单留守	0.890	0.646	0.408	0.526
N	127	127	127	124
R^2	0.145	0.141		0.370
F	2.211	1.901		6.623
p	0.026	0.052	0.031	0.000

注：括号中为 t 值；$^*p<0.10$，$^{**}p<0.05$，$^{***}p<0.01$。第(3)栏是对竞争参与决策的 probit 回归，其他栏为 OLS 回归，probit 回归结果与 OLS 回归结果相似。第(4)栏观测值减少是由于有 3 个被试未填写目标个数。

综上可知，双留守儿童，单留守儿童和非留守儿童在自我竞争选择和目标设定方面的决策行为均没有显著差异。自我竞争选择方面存在性别差异，自我效能感水平对目标设定具有积极影响。这些结论与上一节的发现具有一致性，表明本书的结论具有一定稳健性。

5.5.2 父母陪伴的不同影响

在儿童成长过程中，父亲和母亲可能扮演不同的角色，因此父亲和母亲的离家可能对儿童的竞争行为发展也会产生不同的影响。本节按父亲和母亲是否离家将儿童重新分组探讨父亲和母亲离家对儿童自我竞争决策和目标设定是否产生不同影响。图5.7是父母外出务工和未外出务工的儿童在第一轮的投币结果。如图5.6所示，父亲外出的儿童第一轮平均投中3.71个(s.d=1.96)，父亲未外出的儿童第一轮平均投中4.07个(s.d=1.77)，母亲外出的儿童第一轮平均投中4.11个(s.d=1.80)，母亲未外出的儿童第一轮平均投中3.73个(s.d=1.93)。其中父亲外出与父亲未外出儿童在第一轮的表现没有显著差异(双侧t检验，$t(139)=1.11$，$p=0.268$)，母亲外出和母亲未外出的儿童在第一轮的表现也没有显著差异(双侧t检验，$t(139)=1.12$，$p=0.266$)。

图5.8(a)是父亲和母亲外出和未外出打工的儿童的自我竞争参与选择。从图中可以看到，父亲外出和父亲未外出的儿童在第二轮的竞争参与选择几乎没有差异(双侧t检验，$t(139)=0.40$，$p=0.692$)，母亲外出和母亲未外出的儿童的自我竞争参与选择也没有显著差异(双侧t检验，$t(139)=0.48$，$p=0.633$)。图5.8(b)是父亲和母亲外出和未外出的儿童设定的目标个数。如图所示，父亲外出与父亲未外出的儿童在第二轮设定的目标没有显著差异(双侧t检验，$t(136)=0.18$，$p=0.859$)。但母亲外出儿童设定的目标显著高于母亲未外出的儿童(单侧t检验，$t(136)=1.51$，$p=0.066$)，这可能是由于母亲离家的儿童在第一轮的投中个数也略高于母亲在家的儿童。

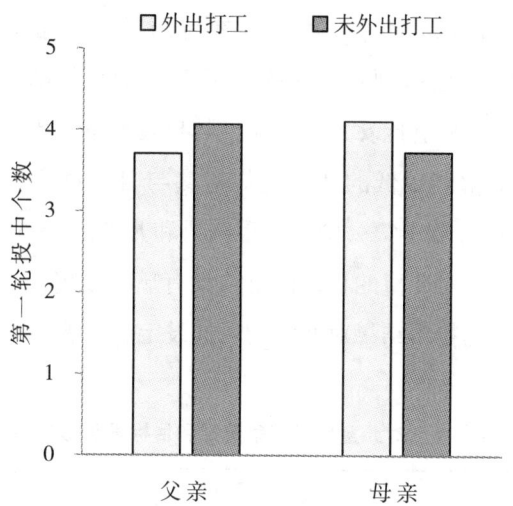

图 5.7 父母外出打工和未外出打工的儿童在第一轮的投币结果

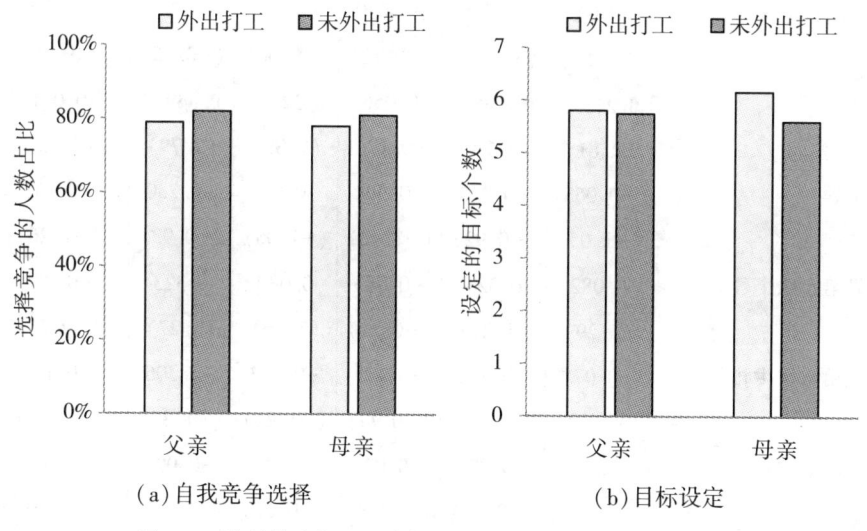

(a) 自我竞争选择　　　　　　(b) 目标设定

图 5.8 父母外出打工和未外出打工的儿童在第二轮的决策

表 5.7 是加入控制变量后对父母外出对儿童竞争参与决策和目标设定的影响的回归分析。其中第(2)栏和第(5)栏是对竞争参与决策的 Probit 回归，

125

其他栏为 OLS 回归。从表 5.7 第(1)、(2)栏和第(4)、(5)栏可以看到，父亲外出和母亲外出对儿童的自我竞争参与选择均没有产生显著的影响。Probit 回归的结果与 OLS 回归结果一致。但性别的系数都显著为正，表明不管如何分组，男童都显著比女童更积极参与自我竞争。风险偏好的系数都显著为负，表明风险偏好越低的儿童越规避参与自我竞争。本书在表 5.7 第(3)栏和第(6)栏中控制了第一轮的投币结果和儿童的个体特征后回归发现，父亲离家和母亲离家对儿童的目标设定均没有显著影响，只有个体的自我效能感水平和第一轮的投币结果对儿童的目标设定有显著的正向影响。

表 5.7 父亲和母亲外出对儿童自我竞争选择和目标设定影响的回归分析

OLS 回归 因变量	父亲			母亲		
	选择竞争=1		目标设定	选择竞争=1		目标设定
	(1)	(2)	(3)	(4)	(5)	(6)
外出打工=1	−0.045	−0.219	−0.039	−0.049	−0.246	0.179
	(−0.59)	(−0.71)	(−0.12)	(−0.60)	(−0.75)	(0.52)
性别	**0.223***	**0.839***	0.056	**0.227***	**0.849***	0.041
	(2.81)	**(2.74)**	(0.17)	**(2.85)**	**(2.79)**	(0.12)
年龄	−0.068	−0.225	−0.394	−0.069	−0.230	−0.351
	(−1.05)	(−0.92)	(−1.42)	(−1.06)	(−0.93)	(−1.26)
兄弟姐妹个数	0.082	0.323	−0.083	0.080	0.323	−0.071
	(1.29)	(1.27)	(−0.31)	(1.26)	(1.27)	(−0.26)
兄弟姐妹中排行	−0.071	−0.290	−0.195	−0.073	−0.306	−0.162
	(−1.22)	(−1.27)	(−0.79)	(−1.24)	(−1.31)	(−0.66)
每周零花钱	−0.001	−0.007	−0.024	−0.001	−0.007	−0.020
	(−0.09)	(−0.19)	(−0.58)	(−0.12)	(−0.20)	(−0.49)
风险偏好	**−0.098***	−0.485**	−0.328	**−0.096***	−0.491**	−0.335
	(−1.86)	(−2.00)	(−1.48)	**(−1.82)**	(−2.01)	(−1.51)
自我效能感	−0.004	−0.017	**0.059***	−0.004	−0.018	**0.059***
	(−0.49)	(−0.60)	**(1.85)**	(−0.54)	(−0.62)	**(1.85)**

续表

OLS 回归因变量	父亲			母亲		
	选择竞争=1		目标设定	选择竞争=1		目标设定
	（1）	（2）	（3）	（4）	（5）	（6）
第一轮投币结果	-0.022	-0.097	**0.638*****	-0.019	-0.080	**0.629*****
	(-1.07)	(-1.16)	**(7.22)**	(-0.91)	(-0.94)	**(7.00)**
常数	1.766***	4.826*	7.029**	1.764***	4.808*	6.503**
	(2.71)	(1.90)	(2.54)	(2.72)	(1.92)	(2.36)
N	127	127	124	127	127	124
R^2	0.138		0.367	0.138		0.369
F	2.078		7.353	2.080		7.398
p	0.037	0.022	0.000	0.037	0.022	0.000

注：括号中为 t 值；*$p<0.10$，**$p<0.05$，***$p<0.01$。第（2）栏和第（5）栏为对竞争选择的 probit 回归，其他栏为 OLS 回归，probit 回归结果与 OLS 回归结果相似。第（3）栏和第（6）栏观测值减少是由于有 3 个被试未填写目标个数。

综上可知，即使按父亲离家和母亲离家来分样本分析，依然发现留守儿童与非留守儿童在自我竞争选择和目标设定上不存在显著差异，其他变量的分析结果也与前面的结论一致。

5.6 本章小结

人们在独处的时候，表现往往都是类似的，但是在人前的表现却各有各的不同。于竞争也可能如此。与自己竞争都是相似的，与别人竞争则各有不同。本研究首次从自我竞争角度考察留守儿童和非留守儿童的竞争偏好。与社会竞争设置中的结果不同，留守儿童和非留守儿童在自我竞争设置中的竞争偏好没有显著差异。留守儿童和非留守儿童中都有近80%的个体积极选择参与自我竞争，这远高于留守儿童的28%的社会竞争参与率，甚至高于非留守儿童的46%的社会竞争参与率。在分双留守和单留守儿童,以及分父亲和母亲外出打工的子样本分析时,都发现同样的结论。因此本书可以得出这样的结论:在自我竞争设置中,留守儿童和非留守儿童的竞争偏好没有显著差异。

留守儿童在社会竞争和自我竞争设置中表现出的不同的竞争参与行为更加印证了"留守"对儿童发展的影响。在不涉及社会交往和社会互动时,留守儿童与非留守儿童一样具有挑战自我的愿望,一样具有较高的进取心。但一旦涉及与他人竞争,留守儿童与非留守儿童立刻显示出行为差异。导致这种行为差异可能有三个原因:一是,留守儿童和非留守儿童的社会交往能力本身有一定差异(范兴华等,2012),导致留守儿童尽量规避社会交往。二是,留守儿童潜意识里认为自己处于弱势地位(谭深,2011),感觉被歧视(一些父母外出打工的儿童更容易被人看作"没人要的孩子"),内心比较敏感,不愿与别人进行比较,尤其是对方有可能是父母都在家的非留守儿童(本实验中自始至终没有提到"留守儿童"这些字眼,实验也是完全随机配对的)。三是,留守儿童和非留守儿童的社会偏好可能有所差异。已有研究发现,不平等厌恶程度越高的个体更加规避参与锦标赛竞争(Balafoutas et al., 2012)。

综上可知,留守儿童与非留守儿童一样拥有自我提升的进取心,积极参与自我竞争。但是,社会比较和社会竞争可以帮助儿童自省并获得恰当的自我认识。不管留守儿童是出于何种原因,规避社会竞争会阻碍其获得外部挑战,丧失更多成长的机会。

第6章　胜败经历与留守儿童的目标设定和竞争参与

6.1　引言

　　儿童从幼年时期就会经历与他人竞争，从日常的竞技性的比赛到学业竞争等；成年后则要参与日益激烈的社会竞争和挑战。在竞争中成功或失败，是每个人成长中不可避免的经历。一个人未来能否取得一定成就，与他/她如何看待成功与失败的态度和应对成败的方式存在强烈的关联性，这种态度和应对方式自孩提时就会受到后天培养的有力塑造。学会在竞争中成长，在胜败中积累经验的人，才能不断壮大，稳固地立足于社会，服务于国家和人民。

　　心理学研究发现3岁儿童就已经能够发现自己与他人任务结果的差异，并在自己比他人做得差时表现出消极情绪。重大的成功或失败，足以改变儿童对待人生、争取未来成功的态度和行为。学会正确应对成功和失败对儿童的发展至关重要。如果面对成功自满，面对失败逃避，长期下去形成一种路径依赖，势必影响儿童成长中重要的行为决策和未来的成就。

　　早期研究主要侧重在儿童面对成功与失败后的情绪，对成功或失败的归因，以及成败经历对自我认知产生的影响。经济学和管理学近几年也开始关注成功与失败对成人后续的竞争表现、目标设定以及竞争参与决策等行为的影响，对儿童的研究很少。目前关于儿童竞争行为的研究主要侧重研究儿童竞争参与行为的性别差异，为劳动力市场工资及晋升的性别差异提供一种新的解释。尚没有研究探讨儿童在面对成功或失败后的目标设定和竞争参与决策。对儿童应对成功与失败的行为进行研究，发现规律和问题并进行及时的干预，对于儿童早期人力资本投资至关重要。

基于上述研究背景，本研究运用实验经济方法，以我国湖北省天门市马湾小学三年级至五年级小学生为被试，展开实地实验(field experiment)，考察成功与失败经历对留守儿童和非留守儿童在个人目标设定和社会竞争参与决策产生的不同影响。研究发现：成功经历对留守儿童和非留守儿童的影响方向是一致的，都是让儿童设定一个更低的目标并增加社会竞争参与率；失败的经历对留守儿童和非留守儿童的影响不同，失败会促进非留守儿童提高表现，对留守儿童则没有这个促进效应；在社会竞争参与决策中，失败会导致留守儿童社会竞争参与率下降，对非留守儿童则没有这个负向影响。接下来，本章在第二部分介绍本研究的方法和实验设计，第三部分介绍数据的基本情况并进行随机分组检验，第四部分详细分析实验结果，第五部分通过将留守儿童进行子样本分析进行稳健性检验，最后是小结和讨论。

6.2 实验设计与执行

6.2.1 实验参与者

本研究的被试是来自湖北省天门市马湾小学三年级至五年级的儿童。天门市是湖北省直辖市，位于湖北省中南部。根据《湖北省统计年鉴》(2017)，天门市常住人口约129万，2016年国内生产总值在湖北省排名倒数第二，是经济发展相对落后的地区。马湾镇是天门市辖镇，常住人4.2万人，以农业为主，是中国典型的一个经济贫困的乡镇。马湾小学是马湾镇中心小学，由于马湾小学三年级至五年级儿童人数共526人，本研究随机抽选了其中270

人(约占总人数的51%),选中的被试都表示愿意参加游戏。在实验正式开始前,实验员还告诉每一位被试有权在实验过程中随时退出实验且不会受到惩罚。本实验为电脑实验,采用 oTree 编程(Chen et al.,2016),在马湾小学微机室执行。实验一共进行了9场,每场30人左右,共268人(由于其中一场有两名被试缺席)。每场实验耗时约50分钟,全部实验在1天半内完成,每个年级半天,这样最大程度避免同年级不同班学生之间沟通。

6.2.2 实验设计

本研究的实验设计参考了 Buser(2016)发表在 *Management Science* 上研究成功与失败对成人后续目标设定行为影响的实验范式。Buser(2016)的实验主要用来研究性别差异,采用的实验任务为研究性别差异常用的加法运算。本实验的实验任务采用了简单的编码游戏,选择编码游戏主要是考虑到编码游戏非常简单,在个体之间不存在显著的能力差异,同时编码游戏不存在明显的性别差异刻板印象。在编码游戏中,被试每轮将获得一张汉字表,每张汉字表有 27 个汉字(所有汉字均是从小学一年级常用汉字中随机抽选),每个汉字后面对应一个由 1、2、3 组成的三位数。电脑屏幕每次随机出现汉字表中的某个汉字,被试输入该汉字后面对应的三位数,输入正确得分,输入错误会提示"回答错误",直到输入正确才能进入下一个。被试的得分由他完成的编码个数决定。实验进行三轮,每轮的实验规则都不同,三轮游戏完成之后,电脑会随机抽取其中一轮的得分作为被试的最终得分。游戏结束后,实验员会现场为被试的得分换成现金,1 分兑换 1 角钱。被试平均获得最终报酬 3.16 元,其中包括 2 元的实验参与费。

马湾小学未开设微机课,不少学生不熟悉电脑和键盘。为了尽可能降低由于对电脑的熟悉程度不同对实验结果产生的影响,本研究设计的实验程序全程不使用鼠标,只使用键盘上的部分按键。此外,在正式实验开始前,本研究还安排一轮编码游戏的教学和练习。实验员首先向被试讲解编码游戏中需要使用的键盘,主要是小键盘上的数字键和"确定"键(即回车键,实验员预先用标签在回车键上贴了"确定"两字),然后讲解编码游戏的玩法。全部讲解完后由被试完成一轮练习,所有人都正确完成所有练习后才开始正式实

验。正式实验进行三轮，每一轮的实验规则不同。实验员在每轮实验开始之前先为被试讲解规则，待确定所有被试理解实验规则后再进行编码游戏。正式实验中编码游戏每轮限时 90 秒，每轮游戏中使用的汉字表都不同。实验员在每轮编码游戏开始前为被试发放该轮游戏的汉字表，每轮游戏结束后即收回汉字表。每轮更换汉字表以防止被试对汉字表的记忆和学习效应，及时收回汉字表以防在被试实验中用错汉字表。正式实验的三轮具体安排如下：

第一轮：竞争。被试被告知在本轮编码游戏中，他/她需要跟本场实验的另外一人比赛，比较谁在本轮编码游戏中编码的汉字个数多。编码个数多的人赢得本轮比赛，赢的人每编码一个获得 2 分，输的人得 0 分。如果两人打平，则两人每编码一个均可获得 1 分。所有人都完成游戏后，电脑会反馈被试在本轮游戏中的编码个数，其中有 2/3 的被试还将获得他们在比赛中的胜败情况反馈，另外 1/3 的被试作为控制组不获得胜败情况的反馈。

第二轮：设定个人目标。被试在进行本轮编码游戏前需要先为自己设定一个编码个数的目标，如果被试在游戏中完成了目标，则每编码一个可以获得 1 分，如果没有完成目标则得 0 分。本轮游戏结束后不反馈被试在游戏中的结果，而是告知被试本轮游戏结果将在下一轮游戏结束后一并公布。这样设计的目的是防止本轮游戏的结果影响被试下一轮的决策。

第三轮：竞争参与选择。被试在进行编码游戏前需要先选择是否参加比赛。如果选择不参加比赛，则本轮得分完全由自己在本轮游戏中的表现决定，每编码一个可以得 1 分。如果选择参加比赛，电脑将为他/她重新匹配一个对手，编码个数多的人赢得本轮比赛，赢的人每编码一个得 2 分，输的人得 0 分，如果与对手打平，则两人每编码一个均可得 1 分。所有被试做完选择后开始本轮编码游戏。

在被试完成第三轮编码游戏后，本实验先让被试预测自己在第二轮是否完成了设定的目标。认为自己"完成了目标"按键盘上的数字"1"，认为"没有完成目标"按键盘上的数字"2"。被试回答完问题后，电脑才公布被试在三轮游戏中的得分情况、电脑随机抽选的轮次和被试的最终报酬。

6.2.3 实验执行

实验在 2017 年 11 月下旬执行，实验开始前由班主任按照电脑随机抽选的学生的名单将学生带到微机室。在实验执行前实验员为每个学生随机分配了座位号，学生到达微机室后由实验员将每个学生领到事先确定的座位上，这样避免学生有意的挑选座位。实验开始后，由一名实验员讲解并引导学生完成实验，实验全程学生保持安静，不许交头接耳，如有问题举手提问，每 6 名学生配一名实验员随时帮助解答疑问。每场实验完成后，由实验员到每个学生座位上为其发放报酬，领完报酬后学生返回教室。

所有实验完成后，实验员到每个班级指导全部学生填写一份问卷，收集学生的性别、年级、年龄和参加本实验游戏之前是否用过电脑等信息。在问卷的最后本实验测度了学生的风险偏好。实验员准备了一个抽奖箱，箱中有两个乒乓球，一黄一白。实验员告诉学生接下来要玩一个抽奖游戏，抽奖箱中有一个黄球和一个白球。抽奖游戏有三种玩法，玩法一：抽中黄球得 5 元，抽中白球得 0 元；玩法二：抽中黄球得 4 元，抽中白球得 1 元；玩法三：抽中黄球得 3 元，抽中白球得 2 元。学生需要从三种玩法中选择一种自己最想玩的玩法，然后实验员从每班中随机抽取 5 名学生现场根据他们本人选择的玩法进行抽球游戏。这种风险偏好测度中，从玩法一到玩法三的期望收益是相同的，但风险水平逐渐降低，风险规避程度从低到高。在后面的数据分析中，本研究将风险偏好定义为取值为 1、2、3 的连续变量，取值越大，越风险规避。进行抽球游戏的学生实验员现场为其支付报酬。

6.3 数据及随机分组检验

6.3.1 数据

实验进行了 9 场，共有 268 名被试参加，但并不是所有的被试者都进入下面的数据分析中。实验员首先根据实验执行情况剔除一名非随机选择的被试样本。具体情况是，其中一场中，有一名被试与同班未被选中参加实验的另外一名被试重名，班主任在根据实验员提供的学生名单召集学生时可能未在两个重名同学间随机选取，因此本研究将该样本剔除，获得267个样本。

本研究接着参照 Buser(2016)的方法对剩下的样本进行了剔除和筛选。由于在第一轮实验设置中，被试之间是随机匹配的，决定了胜败的随机性。图5.1是267名被试在第一轮竞争设置下编码结果的人数分布情况。横轴为编码个数，纵轴为被试人数。可以看到第一轮编码个数最多为20个，最少为3个，其中编码个数在18个以上的只有获胜者，编码个数在7个以下的只有失败者，本研究参照 Buser(2016)的做法剔除这两部分极端值样本，只保留第一轮编码个数在8个至17个的样本(图5.1中虚线框包含的)。此外由于平局样本有28个，与胜败两组的样本数量差别太大，也剔除，获得样本211个。

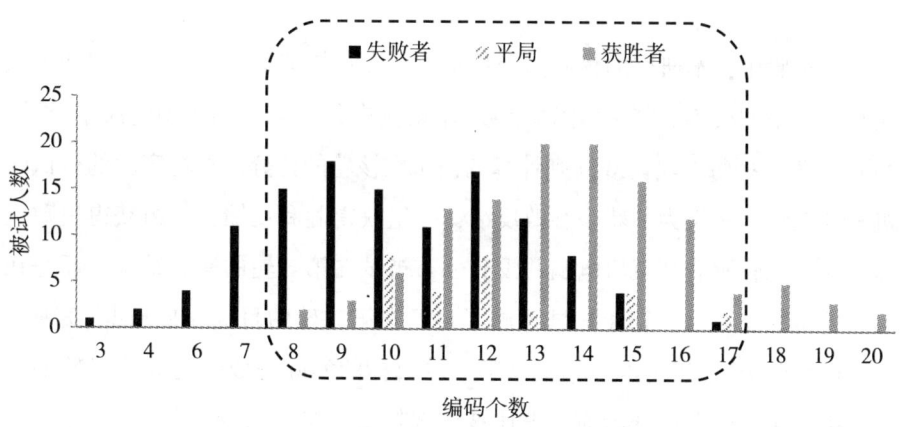

图6.1 第一轮竞争中编码个数的人数分布

图6.2是剩下211个样本在第二轮设定的目标编码个数的人数分布情况。横轴为目标编码个数，纵轴为被试人数。可以看到有15个被试设定的

目标编码个数为超过40个(虚线右边),他们全都没有完成目标,而第一轮编码个数最多也仅为20个,目标编码个数设定为40个几乎是不可能完成的,因此本研究将设定的目标编码个数为大于或等于40的15个被试样本作为异常值剔除,最终获得有效的分析样本196个。

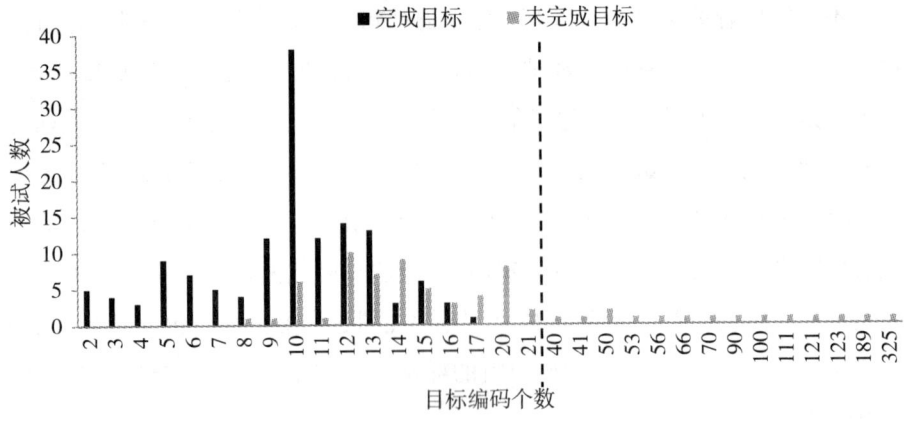

图6.2 第二轮完成和未完成目标的个体设定目标的人数分布

本实验中,本研究的核心因变量是被试在每轮编码游戏中的表现和被试在每一轮中的决策。其中"编码个数"指被试在每一轮编码正确的汉字个数,"得分"为根据每一轮游戏规则计算的被试在该轮的得分。每场实验的被试随机分到三组,一组为不获得胜败反馈,一组获得胜利反馈,一组获得失败反馈。在第二轮游戏结束后电脑并没有公布被试在第二轮的实验结果,而是在第三轮游戏完成后,先让被试预测了自己在第二轮的目标完成情况(完成=1,未完成=0),然后再公布被试第二轮目标的实际完成情况和第二轮的编码结果。第三轮游戏开始前,先让被试选择是否愿意参加竞争(选择参加竞争=1,选择不参加竞争=0)。

本研究的主要自变量是实验结果中被试第一轮的胜败情况(失败=1),考察第一轮比赛中的胜败结果对被试第二轮目标设定和第三轮竞争参与决策的影响。本研究还将分别考察胜败经历对留守儿童和非留守儿童产生的不同影响。本研究还加入了与被试相关的其他个体特征变量。本研究控制了被试者的性别(男=1)、年级、年龄、风险偏好和使用电脑经历。其中年龄是根据被试的身份证号码提取计算的,学生的身份证号是从校方获得的,由于有些学生的身份证号校方没有存档,无法获得,故年龄变量存在一些样本缺失。考虑到此次实验有三个年级参加,学生的差异不仅存在年龄效应,也可能存在年级效应,因此将年级也作为控制变量。年级取值为3、4、5,为连续型变量。风险偏好是由抽奖游戏测度的,根据游戏设计,有三个选项,1代表高风险,2代表中风险,3代表低风险,本书将"风险偏好"变量定义为取值1、2、3的连续型变量,取值越大越风险规避。考虑到有些被试对电脑比较熟悉,有些被试则完全没有接触过电脑,对电脑的熟悉程度可能会影响被试对游戏能力的信心,本研究设计一个0~1虚拟变量,控制被试以前是否使用过电脑(用过=1,没用过=0)。

表6.1展示了所有实验变量的描述性统计结果。从表中的实验变量可以看到,有31%的被试在第一轮之后未获得胜败反馈,有35%的被试获得失败反馈,剩下35%的获得胜利反馈,即三种设置的被试各占总样本的约1/3,分布比较均匀。从表中被试的个体特征变量可以看出,留守儿童占全体儿童的69%,其中父母均外出务工的双留守儿童占41%,父母一方外出务工的单留守儿童占28%,父母均未外出务工的非留守儿童占31%。在儿童性别分布中,男童占比59%,略多于女童。在年级分布中,三年级儿童67名,四年级65名,五年级儿童64名,样本在三个年级分布均匀。儿童年龄分布在8~11岁,平均为9.2岁。63%的儿童有使用过电脑的经历。

表6.1 所有变量的描述性统计

变量	观察值	均值	标准差	最小值	最大值
实验变量					
第一轮编码个数	196	12.10	2.43	8	17
未反馈=1	196	0.31	0.46	0	1

续表

变量	观察值	均值	标准差	最小值	最大值
实验变量					
失败组=1	196	0.35	0.48	0	1
获胜组=1	196	0.35	0.48	0	1
第一轮得分	196	13.73	13.56	0	34
第二轮目标设定个数	196	11.02	3.98	2	21
第二轮编码个数	196	12.83	2.92	6	21
第二轮目标的预测完成情况(完成=1)	196	0.64	0.48	0	1
第二轮目标的实际完成情况(完成=1)	196	0.71	0.46	0	1
第二轮得分	196	6.85	5.23	0	17
第三轮竞争选择(参加竞争=1)	196	0.55	0.50	0	1
第三轮编码个数	196	13.29	3.02	5	20
第三轮得分	196	15.72	11.29	0	40
个体特征					
留守儿童	196	0.69	0.46	0	1
双留守儿童=1	196	0.41	0.49	0	1
单留守儿童=1	196	0.28	0.45	0	1
非留守儿童=1	196	0.31	0.46	0	1
性别(男=1)	196	0.57	0.50	0	1
年级	196	3.98	0.82	3	5
年龄(岁)	193	9.20	0.81	8	11
风险偏好(1. 高风险；2. 中风险；3. 低风险)	193	2.25	0.77	1	3
使用电脑(用过=1)	194	0.63	0.48	0	1

6.3.2 随机分组检验

在实验设置中，本书首先根据被试在第一轮的编码个数，将被试随机分配为未获得胜败反馈的未反馈组，获得胜败反馈的失败组和获得胜败反馈的获胜组。图 6.3 是被试在第一轮竞争设置下的编码结果。在第一轮中，全体被试的平均编码个数为 12.10 个，其中未反馈组的被试平均编码 12.08 个（s.d=2.44），获得反馈的失败组平均编码 10.96 个（s.d=2.26），获得反馈的获胜组平均编码 13.26 个（s.d=2.01）。如果将获得胜败反馈的被试当作一个整体，可以发现获得胜败反馈组与未获得胜败反馈组在第一轮的编码结果并没有显著差异（双侧 t 检验，$t(194) = -0.072$，$p = 0.943$），表明个体是否获得反馈是随机确定的，不存在能力差异。第一轮比赛中，获得反馈的获胜组比失败组的编码个数多 2 个左右（双侧 t 检验，$t(134) = 6.289$，$p < 0.000$）。因此在本书后面的分析中都要控制第一轮的编码个数。

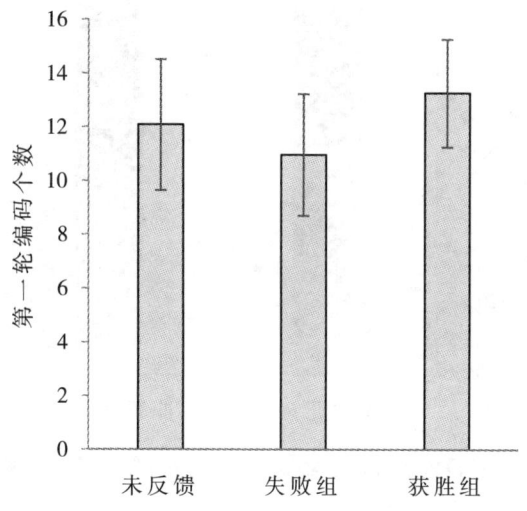

图 6.3　三种设置下儿童在第一轮中的编码个数

本书主要分析胜败经历对留守儿童和非留守儿童的影响的差异，因此在随机分组检验中，本研究还需要检验留守儿童与非留守儿童在第一轮表现的差异。图6.4为三种设置下留守儿童和非留守儿童在第一轮的编码个数。从图中可知,不管在未反馈设置中,还是失败反馈或获胜反馈中,留守儿童和非留守儿童在第一轮的编码个数都没有显著差异(留守儿童 v.s. 非留守儿童,双侧t检验;未反馈组,$p=0.395$;失败组,$p=0.765$;获胜组,$p=0.795$),这表明留守儿童和非留守儿童在第一轮编码游戏中并没有能力差异。此外,图6.5中还考察了三种设置在留守儿童和非留守儿童中的分布,发现未反馈、失败反馈和获胜反馈在留守儿童和非留守儿童中的分布并没有显著差异(卡方检验,$p=0.114$)。由此说明同整体儿童的随机分配一样,留守儿童和非留守儿童同样是根据他们第一轮的编码表现随机分配到未反馈组、失败组和获胜组。

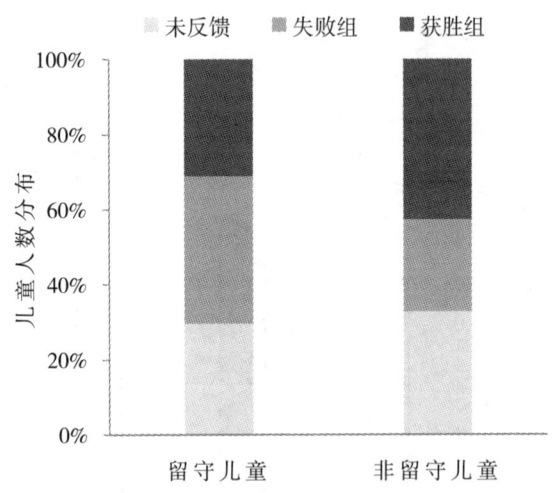

图6.4 三种设置下留守儿童和非留守儿童在第一轮中的编码个数

最后本书考察被随机分配到未反馈组、失败组和获胜组的三组被试的个体特征是否存在差异。从表6.2中可知,每组被试约60个,性别分布平衡,个体的年级、年龄、风险偏好在各组的分布都没有显著差异,表明不同组的个体具有较高的同质性。此外是否用过电脑在失败者和获胜者之间有略微差异，但这种差异显著性不强，本书在后面的回归分析中会控制个体使用电脑的情况。

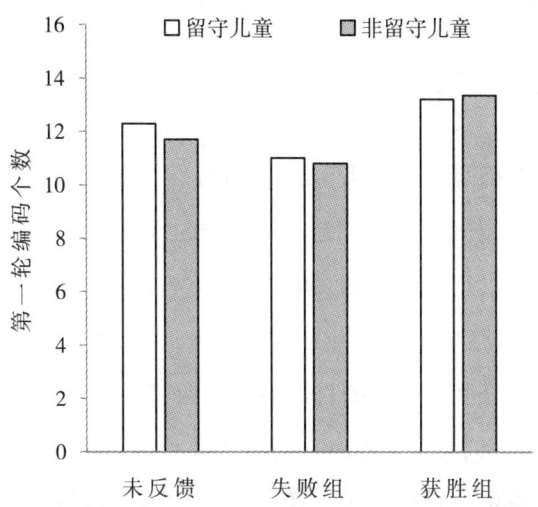

图 6.5　三种设置在留守儿童和非留守儿童中的分布

表 6.2　未反馈和反馈胜败组的个体特征分布及随机分组检验

变量	未反馈($N=60$)		失败组($N=68$)		获胜组($N=68$)		单因素方差分析	
	均值	标准差	均值	标准差	均值	标准差	F 值	P 值
性别(男=1)	0.52	0.50	0.63	0.49	0.56	0.50	0.90	0.409
年级	3.92	0.83	4.10	0.79	3.93	0.83	1.09	0.339
年龄(岁)	9.22	0.79	9.27	0.87	9.12	0.76	0.64	0.530
风险偏好(1.高风险；2.中风险；3.低风险)	2.17	0.79	2.22	0.78	2.36	0.73	1.03	0.358
使用电脑(用过=1)	0.64	0.48	0.72	0.45	0.53	0.50	2.60	0.077

6.4 实验结果

6.4.1 胜败经历对目标设定的影响

(1) 目标编码个数的差异

图 6.6 是各组被试在第二轮设定的目标编码个数。从图中可以大概看出，留守儿童和非留守儿童在目标设定行为上存在一定的差异。留守儿童中，未反馈组平均设定的目标 11.50 个($s.d$=4.19)，失败组设定的为 11.04 个($s.d$=3.95)，获胜组设定的为 10.48 个($s.d$=3.75)。从绝对值上看，未反馈组、失败组和获胜组设定的目标编码个数并没有显著差异(单因素方差分析，$F(134)=0.69$，$p=0.505$)。与留守儿童第一轮的编码个数相比，未反馈组和失败组设定的目标与他们第一轮的编码个数没有显著差异(双侧 t 检验，未反馈组，$t(39)=1.53$，$p=0.134$；失败组，$t(52)=0.07$，$p=0.941$)，但留守儿童中的获胜组设定的目标显著低于他们第一轮的编码个数(双侧 t 检验，$t(41)=-5.32$，$p=0$)。

在非留守儿童中，未反馈组设定目标为 12.80 个($s.d$=3.76)，失败组的为 8.93 个($s.d$=3.99)，获胜组为 10.96 个($s.d$=3.88)，未反馈组、失败组和获胜组设定的目标个数存在显著差异(单因素方差分析，$F(60)=4.29$，$p=0.018$)。其中未反馈组设定的目标与第一轮的编码个数无显著差异(双侧 t 检验，$t(19)=1.55$，$p=0.138$)，失败组和获胜组设定的目标都显著低于他们第一轮的编码个数(双侧 t 检验，失败组，$t(14)=-2.49$，$p=0.026$；获胜组，$t(25)=-3.34$，$p=0.003$)。

考虑到各组儿童在第二轮设定的目标编码个数也可能受儿童个体特征等因素的影响。表 6.3 为儿童在第二轮设定的目标编码个数的 OLS 回归分析结

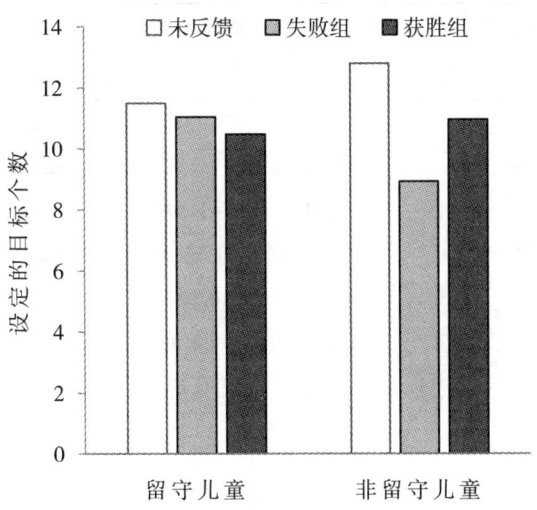

图 6.6　各组儿童在第二轮设定的目标编码个数

果。如表中所示,即使控制儿童的个体特征,结论仍与图 6.6 中的相同,获胜组的系数均为负,且均非常显著,表明获胜使留守儿童和非留守儿童都设定一个更低目标。留守儿童中,失败组的系数很小且不显著,而非留守儿童中失败组的系数较大且显著为负,表明失败对留守儿童的影响较小,对非留守儿童的影响较大,失败使非留守儿童也设定一个更低的目标。

　　第一轮编码个数的系数显著为正,表明第一轮编码个数多的儿童在第二轮也设定一个相对较高的目标,这也是符合常理的。此外本研究发现男童比女童设定的目标显著更高,这个现象在非留守儿童中比较突出,非留守儿童中男性的系数更大且显著,留守儿童中男童的系数也为正,但不显著。本书后面会专门设定一节分析胜败经历对儿童影响的性别差异。其他个体特征如年龄、年级、风险偏好和使用电脑经历的系数在留守儿童中和非留守儿童中均不显著。

表6.3　　儿童在第二轮的目标编码个数的回归分析

OLS 回归	留守儿童		非留守儿童	
因变量：目标编码个数	(1)	(2)	(3)	(4)
失败组=1	0.650	0.479	−3.033**	−3.032**
	(0.88)	(0.62)	(−2.62)	(−2.55)
获胜组=1	−1.843**	−1.927**	−3.364***	−2.822**
	(−2.40)	(−2.39)	(−3.20)	(−2.49)
第一轮编码个数	0.872***	0.963***	0.927***	0.875***
	(6.69)	(6.48)	(4.51)	(3.78)
男=1		0.675		1.589*
		(1.07)		(1.88)
年龄(岁)		−0.814		−0.891
		(−1.31)		(−0.90)
年级		0.128		0.896
		(0.20)		(0.92)
风险偏好		−0.089		−0.877
		(−0.21)		(−1.53)
使用电脑=1		0.331		−0.104
		(0.49)		(−0.11)
常数	0.794	6.365	1.958	8.149
	(0.47)	(1.51)	(0.78)	(1.21)
Wald 检验 P 值 失败组 $v.s.$ 获胜组	**0.001**	**0.005**	0.785	0.875
N	135	132	61	60
R^2	0.263	0.300	0.358	0.433
F	15.548	6.604	10.609	4.862
p	0.000	0.000	0.000	0.000

注：括号内为 t 值，*p<0.10，**p<0.05，***p<0.01。第(2)栏样本量比第(1)栏少3个是因为3个留守儿童缺少年龄数据，第(4)栏样本量比第(3)栏少1个是由于1个非留守儿童未参加风险偏好测度。

综上可知，成功经历使留守儿童和非留守儿童都变得更加保守，设定一个低于自己能力的目标，但失败经历对留守儿童和非留守儿童的影响不同，失败经历使非留守儿童变得极其保守，设定一个非常低的目标，但对留守儿童的影响有限。

(2) 实际编码个数的差异

儿童在第二轮设定完目标后需要进行一轮编码游戏，如果在编码游戏中的实际编码个数达到或超过目标，则儿童可以获得与其设定的目标等额的分数，如果儿童的实际编码个数低于其设定的目标，则儿童在本轮的得分为0。这个规则在儿童设定目标前既已告知，通过对比儿童设定的目标和其实际的编码个数可以检验儿童目标设定的合理性以及目标设定对其后续努力程度的影响。图6.7是各组儿童在第二轮的实际编码个数。

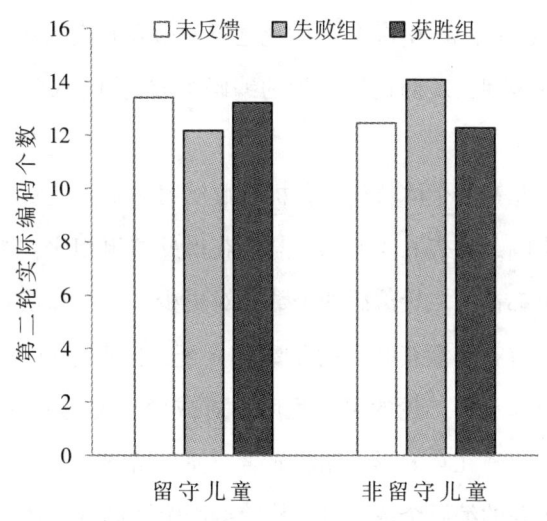

图6.7 各组儿童在第二轮的实际编码个数

在留守儿童中，三组儿童的实际编码个数存在显著差异（单因素方差分析，$F(134)=2.46$，$p=0.089$），其中失败组在第二轮的实际编码个数显著低于未反馈组和获胜组（双侧 t 检验，失败组 v.s. 未反馈组，$t(91)=-1.97$，$p=0.052$；失败组 v.s. 获胜组，$t(93)=-1.78$，$p=0.078$）。与第一轮的编码个数相比，未反馈组和失败组都在第二轮显著提高了编码个数（双侧 t 检验，未反馈组，$t(39)=2.67$，$p=0.011$；失败组，$t(52)=3.56$，$p=0.001$），获胜组在第二轮的编码个数与他们第一轮的一样。这表明，未获得胜败反馈和获得失败反馈的留守儿童均在第二轮显著提升了自己的表现，但获得胜利反馈的留守儿童则没有继续提升自己的表现。

在非留守儿童中，失败组在第二轮的实际编码个数显著高于未反馈组和获胜组（单侧 t 检验，失败组 v.s. 未反馈组，$t(33)=1.71$，$p=0.048$；失败组 v.s. 获胜组，$t(39)=2.06$，$p=0.023$）。与第一轮的编码个数相比，非留守儿童中的未反馈组在第二轮并未显著提升自己的表现（双侧 t 检验，$t(19)=1.40$，$p=0.179$），失败组在第二轮显著提高了自己的编码表现（双侧 t 检验，$t(14)=6.51$，$p=0.000$），相比之下非留守儿童的获胜者在第二轮不但未提升自己的表现，反而比第一轮的编码个数更低（双侧 t 检验，$t(25)=-2.16$，$p=0.041$）。

表 6.4 控制儿童的个体特征，分析胜败反馈对不同儿童在第二轮的编码个数产生何种影响。如表 6.4 所示，与未获得反馈组相比，留守儿童和非留守儿童的获胜组都在第二轮编码的个数相对更少，其中非留守儿童获胜组的系数比较显著，留守儿童获胜者的系数不显著，但符号也是负的。这表明，获胜的经历使个体在第二轮的努力程度相对减少，表现也不如第一轮突出。失败的经历对非留守儿童的影响比较显著，使非留守儿童在第二轮显著的增加努力，获得更高的编码个数。第一轮的编码个数高的个体在第二轮的编码个数也更高，这也是符合常理的。此外还发现留守儿童中男性比女性在第二轮的编码个数更少。其他个体特征的系数在留守儿童和非留守儿童中均不显著。

表6.4　　儿童在第二轮的实际编码个数的回归分析

OLS 回归	留守儿童		非留守儿童	
因变量：实际编码个数	(1)	(2)	(3)	(4)
失败组 = 1	−0.314	−0.257	2.294***	1.523*
	(−0.60)	(−0.48)	(2.85)	(1.78)
获胜组 = 1	−0.861	−0.733	−1.419*	−1.408*
	(−1.58)	(−1.30)	(−1.94)	(−1.73)
第一轮编码个数	0.719***	0.686***	0.752***	0.566***
	(7.80)	(6.60)	(5.28)	(3.41)
男 = 1		−0.829*		−0.469
		(−1.87)		(−0.77)
年龄(岁)		0.239		−0.174
		(0.55)		(−0.25)
年级		0.227		1.019
		(0.50)		(1.46)
风险偏好		−0.357		0.214
		(−1.18)		(0.52)
使用电脑 = 1		0.068		0.685
		(0.14)		(1.02)
常数	4.575***	3.095	3.648**	2.998
	(3.83)	(1.05)	(2.09)	(0.62)
Wald 检验 P 值 失败组 v.s. 获胜组	0.314	0.418	0.000	0.003
N	135	132	61	60
R^2	0.342	0.372	0.375	0.459
F	22.677	9.125	11.381	5.403
p	0.000	0.000	0.000	0.000

注：括号内为 t 值，*$p<0.10$，**$p<0.05$，***$p<0.01$。第(2)栏样本量比第(1)栏少3个是因为3个留守儿童缺少年龄数据，第(4)栏样本量比第(3)栏少1个是由于1个非留守儿童未参加风险偏好测度。

综上可知,留守儿童和非留守儿童的获胜者在第二轮的编码个数相对于未反馈组和失败组都更低,尤其是是非留守儿童,不仅未提升表现,反而比自己第一轮的表现更差。失败的留守儿童和非留守儿童在第二轮均有提升自己的表现,其中以非留守儿童最为突出,非留守儿童失败者在第二轮的编码个数提高幅度很大。

(3)完成率及得分

儿童设定目标并为完成目标而努力,具体成效如何,本书接下来将通过儿童的目标完成率和本轮得分进行检验。下图6.8(a)是各组儿童在第二轮的目标完成率。从图中可知,留守儿童中的获胜组和非留守儿童中的失败组目标完成率较高。留守儿童中,获胜组显著比失败组目标完成率更高(单侧t检验,$t(93)=1.73$,$p=0.044$);非留守儿童中,失败组比未反馈组和获胜组的目标完成率都显著更高(单侧t检验,失败组 v.s. 未反馈组,$t(33)=3.40$,$p=0.001$;失败组 v.s. 获胜组,$t(39)=3.50$,$p=0.001$)。图6.8(b)是各组儿童在第二轮的得分。与目标完成率相似,留守儿童中获胜组的得分略高于未反馈组和失败组,但差异并不显著(单因素方差分析,$F(134)=1.03$,$p=0.361$)。非留守儿童中,失败组的得分显著高于未反馈组和获胜组(单侧t检验,失败组 v.s. 未反馈组,$t(33)=1.80$,$p=0.081$;失败组 v.s. 获胜组,$t(39)=2.69$,$p=0.005$)。

表6.5是儿童第二轮的目标完成率和得分的OLS分析结果。从表6.8中可以看到,留守儿童中,失败组和获胜组与未反馈组在目标完成率和得分方面没有显著差异,但Wald系数检验发现,失败组与获胜组相比,目标完成率显著更低。产生这个结果的原因是,在留守儿童中的获胜组在第二轮设定的目标偏低,不仅显著低于自己的能力且也低于失败组设定的目标。在非留守儿童中,失败组的目标完成率显著高于未反馈组和获胜组,这是由于非留守儿童中的失败组在第二轮设定了远低于自己能力的目标,且在第二轮编码游戏中大幅度提升了自己的表现。

6.4 实验结果

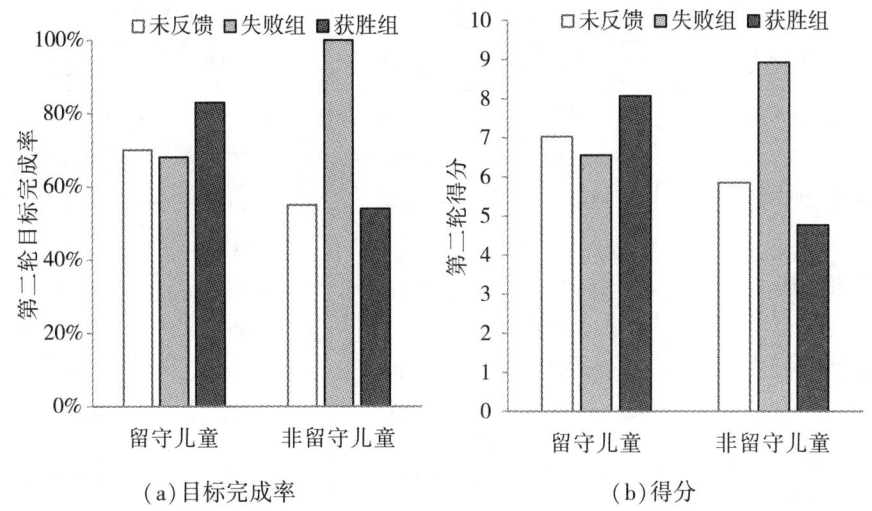

（a）目标完成率　　　　　　　　（b）得分

图 6.8　各组儿童在第二轮目标设定后的表现

表 6.5　　　　儿童在第二轮的目标完成率和得分的回归分析

OLS 回归因变量	留守儿童		非留守儿童	
	（1）完成率	（2）得分	（3）完成率	（4）得分
失败组 = 1	−0.016	0.212	**0.400****	2.888
	(−0.16)	(0.19)	**(2.41)**	(1.46)
获胜组 = 1	0.164	0.850	0.091	−0.361
	(1.60)	(0.71)	(0.58)	(−0.19)
第一轮编码个数	−0.028	0.322	−0.045	−0.086
	(−1.50)	(1.45)	(−1.41)	(−0.22)
男 = 1	−0.105	−1.421	−0.156	−0.920
	(−1.31)	(−1.50)	(−1.33)	(−0.66)
年龄（岁）	0.079	1.276	−0.078	0.270
	(0.96)	(1.33)	(−0.57)	(0.17)

149

续表

OLS 回归 因变量	留守儿童		非留守儿童	
	(1)完成率	(2)得分	(3)完成率	(4)得分
年级	0.007	-0.714	0.178	0.768
	(0.09)	(-0.77)	(1.30)	(0.47)
风险偏好	-0.023	-0.848	-0.015	-0.684
	(-0.42)	(-1.32)	(-0.18)	(-0.72)
使用电脑=1	-0.035	-0.333	0.084	-0.007
	(-0.41)	(-0.33)	(0.65)	(-0.00)
常数	0.797	7.510	-0.195	0.494
	(1.49)	(1.20)	(-0.21)	(0.04)
Wald 检验 P 值 失败组 v.s. 获胜组	**0.095**	0.610	**0.101**	0.148
N	132	132	60	60
R^2	0.065	0.077	0.264	0.131
F	1.064	1.286	2.287	0.962
p	0.393	0.257	0.036	0.476

注：括号内为 t 值，$^*p<0.10$，$^{**}p<0.05$，$^{***}p<0.01$。

(4) 小结

综上可知，获胜经历对留守儿童和非留守儿童产生了相似的影响，但失败经历对留守儿童和非留守儿童产生了不同的影响。获胜使留守儿童和非留守儿童在第二轮均设定了一个低于自身能力的目标，同时在后续的游戏中未继续提升自己的表现，使自己在第二轮的编码表现相对其他儿童落后，最终导致完成率和得分并没有拔得头筹，反而落得平平，与其他儿童没有显著差异了。失败经历对留守儿童目标设定的影响较小，留守儿童经历失败后仍然设定一个与自己能力相近的目标，同时增加努力，最终获得与获胜的留守儿童接近的成绩。但失败经历对非留守儿童的影响比较显著，在目标设定环节，失败的非留守儿童变得保守，设定一个显著低于自己能力的目标，在编码游戏环节,失败的非留守儿童则大幅度增加了努力提升了表现,最终取得极高的目标完成率和超越获胜组非留守儿童的得分。

6.4.2 胜败经历对竞争参与选择的影响

(1)竞争参与选择

在第二轮考察的目标设定是一种自我比较,决策和行为的后果都只涉及个体自己,而不涉及他人。本研究在第三轮将考察胜败经历对个体是否愿意与他人竞争决策的影响。图6.9是各组儿童在第三轮选择参与竞争个体的占比。在留守儿童中,失败组与未反馈组的儿童的竞争参与选择没有显著差异(双侧t检验,$t(91)=0.50$,$p=0.615$),但获胜组比失败组和未反馈组都更加积极的选择参与竞争(单侧t检验,获胜组 v.s. 失败组,$t(93)=2.43$,$p=0.009$;获胜组 v.s 未反馈组,$t(80)=1.78$,$p=0.039$)。在非留守儿童中,失败组显著比未反馈组的儿童更加积极参与竞争(单侧t检验,$t(33)=2.02$,$p=0.026$),而获胜组与失败组及未反馈组的儿童在竞争参与方面没有显著差异(双侧t检验,获胜组 v.s 失败组,$t(39)=1.46$,$p=0.151$;获胜组 v.s 未反馈组,$t(44)=0.66$,$p=0.511$)。这表明,胜败经历对留守儿童和非留守儿童的影响有些差异,获胜经历使留守儿童更加积极参与竞争,说明获胜体验对留守儿童具有激励作用。但获胜经历对非留守儿童的影响不明显,相比之下,失败经历对非留守儿童的影响比较显著,使非留守儿童更加积极参与竞争。

表6.6是儿童在第三轮的竞争参与选择的$probit$回归结果。在实验设计中,本研究在个体做完第三轮编码游戏之后才让他们预测自己在第二轮是否完成目标,但考虑到个体在做完第二轮编码游戏后可能也在内心预期过自己是否完成设定的目标,为了最大限度地减少这种预期的影响,本书将个体的这种预测也加入回归中。从回归结果中可以看到,即使控制住儿童在第一轮的编码个数、第二轮目标个数、预测的第二轮目标完成情况和儿童的个体特

第6章 胜败经历与留守儿童的目标设定和竞争参与

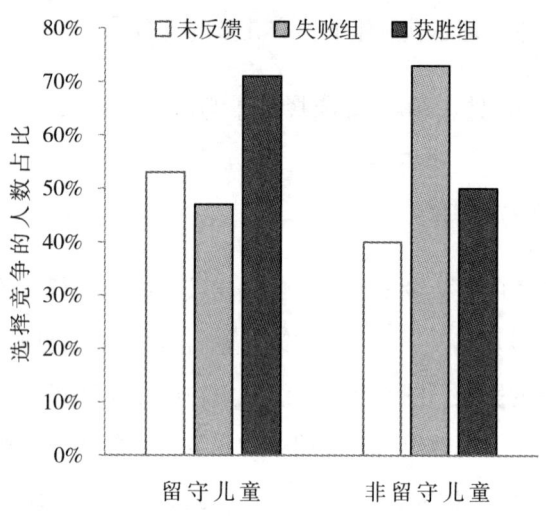

图 6.9　各组儿童在第三轮选择参与竞争的占比

征,留守儿童中的获胜组仍然较未反馈组和失败者更加积极地参与竞争,而非留守儿童中,失败者则更加积极选择竞争(第(4)栏败方系数边缘显著 $p=0.101$)。此外本书还发现竞争参与选择存在一定的性别差异,男童比女童更加积极参与竞争,本章下一节将详细考察本实验中的性别差异。此外,其他变量的系数均不显著,这表明儿童的年龄、年级、风险偏好及使用电脑经历与儿童的竞争参与选择均没有显著的关联。

表 6.6　　儿童在第三轮的竞争参与决策的回归分析

probit 回归	留守儿童		非留守儿童	
因变量:选择参与竞争 = 1	(1)	(2)	(3)	(4)
失败组 = 1	−0.215	−0.280	1.038**	0.926
	(−0.79)	(−0.98)	(2.10)	(1.64)
获胜组 = 1	0.623**	0.595*	0.387	0.726
	(2.07)	(1.86)	(0.89)	(1.37)

续表

probit 回归 因变量：选择参与竞争=1	留守儿童		非留守儿童	
	(1)	(2)	(3)	(4)
第一轮编码个数	-0.079	-0.037	-0.024	-0.063
	(-1.37)	(-0.57)	(-0.26)	(-0.54)
第二轮目标设定	0.053	0.037	0.053	-0.002
	(1.56)	(1.05)	(1.04)	(-0.03)
预测第二轮完成目标=1	0.321	0.310	0.241	-0.083
	(1.32)	(1.23)	(0.69)	(-0.20)
男=1		**0.463**[*]		**1.112**^{***}
		(1.90)		**(2.68)**
年龄(岁)		0.015		0.518
		(0.06)		(1.19)
年级		-0.168		0.001
		(-0.68)		(0.00)
风险偏好		-0.247		-0.200
		(-1.48)		(-0.73)
使用电脑=1		0.118		0.885^{**}
		(0.46)		(2.04)
常数	0.217	0.712	-0.788	-5.079[*]
	(0.34)	(0.44)	(-0.75)	(-1.66)
Wald 检验 P 值 失败组 v.s. 获胜组	**0.006**	**0.010**	0.177	0.731
N	135	132	61	60
p	0.081	0.073	0.356	0.043

注：括号内为 t 值，$^{*}p<0.10$，$^{**}p<0.05$，$^{***}p<0.01$。

(2) 第三轮编码个数及得分

做完竞争参与决策后，儿童的编码个数和得分是怎样呢？如图 6.10(a)

所示，留守儿童中，失败组在第三轮的编码个数显著少于未反馈组和获胜组（单侧 t 检验，失败组 v.s. 未反馈组，$t(91) = -2.04$，$p = 0.022$；失败组 v.s. 获胜组，$t(93) = -2.59$，$p = 0.006$），获胜组与未反馈组儿童的编码个数则没有显著差异（双侧 t 检验，$t(80) = 0.29$，$p = 0.776$）。在非留守儿童中，失败组、获胜组和未反馈三组儿童的编码个数没有显著差异（单因素方差分析，$F(60) = 0.05$，$p = 0.947$）。图 6.10(b) 是儿童在第三轮的得分。如图所示，不同组儿童的得分差异还是很大的。对于留守儿童，获胜者的得分显著高于失败组和未反馈组（单侧 t 检验，获胜组 v.s. 失败组，$t(93) = 4.23$，$p = 0.000$；获胜组 v.s. 未反馈组，$t(80) = 1.75$，$p = 0.042$），失败组比未反馈组的得分也更低（单侧 t 检验，$t(91) = 2.20$，$p = 0.016$）。对于非留守儿童，三组儿童间的得分没有显著差异（单因素方差分析，$F(60) = 0.64$，$p = 0.529$）。

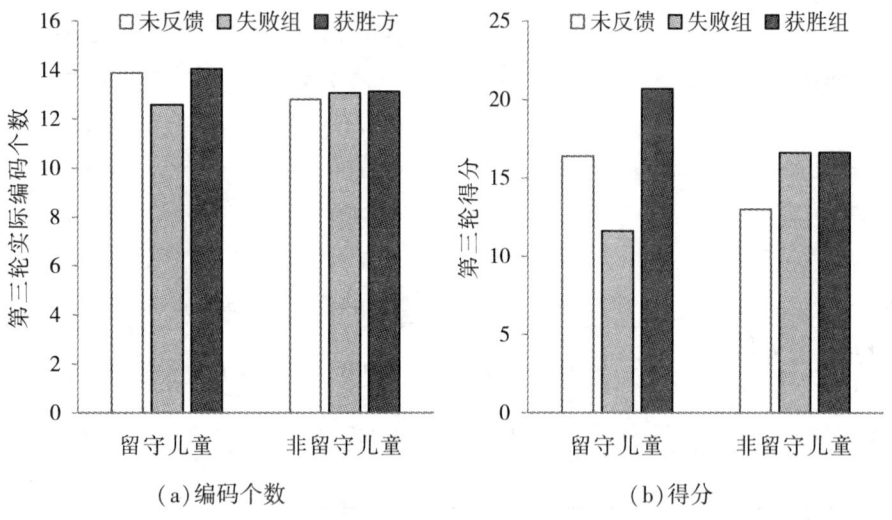

图 6.10 各组儿童在第三轮竞争选择后的表现

表 6.7 控制第一轮和第二轮的实验结果以及个体特征考察胜败经历对个体的竞争参与决策的影响。其中前两栏为留守儿童样本的分析，后两栏为非留守儿童样本的分析。如表 6.7 所示，失败组和获胜组的系数在留守儿童和

非留守儿童中均不显著，表明失败组和获胜组在编码个数和得分方面与未反馈组没有显著差异。但在第(2)栏，Wald 系数检验的 p 值显著，表明失败组与获胜组相比，获胜组的得分显著更高，失败组的得分显著更低。这说明，对于留守儿童，即使控制了他们在第一轮的表现，获胜的留守儿童也比失败的留守儿童在第三轮获得更高的得分。在编码个数相当的情况下，获胜的留守儿童在第三轮的得分更多，可能由于获胜者更多地选择参加竞争的缘故。

此外本研究发现年级、风险偏好和使用电脑经历也会影响个体在第三轮的编码个数和得分。从第(1)栏和第(3)栏可以看到，不管是对留守儿童还是非留守儿童，年级越高在第三轮的编码个数越多，这个可能是由于学习效应，因为编码游戏已经进行到了第三轮，儿童年级越高可能越容易摸索出提高编码效率的方法。风险偏好则影响了留守儿童的编码个数和得分，对于留守儿童，越规避风险的儿童，编码个数越低，得分也越低。使用电脑经历会对非留守儿童的编码个数和得分产生一定影响，有使用电脑经历的儿童在第三轮的编码个数越多，得分也越高。

表 6.7　　儿童在第三轮的编码个数和得分的回归分析

OLS 回归 因变量	留守儿童		非留守儿童	
	(1)	(2)	(3)	(4)
	编码个数	得分	编码个数	得分
失败组 = 1	−0.594	−2.294	−0.200	4.976
	(−1.36)	(−1.07)	(−0.18)	(1.14)
获胜组 = 1	−0.221	2.864	−0.271	4.926
	(−0.47)	(1.24)	(−0.26)	(1.19)
第一轮编码个数	0.589***	1.844***	0.353	0.562
	(5.96)	(3.79)	(1.56)	(0.62)
第二轮目标设定	0.089*	0.096	0.001	0.346
	(1.66)	(0.37)	(0.01)	(0.71)

续表

OLS 回归 因变量	留守儿童		非留守儿童	
	(1)	(2)	(3)	(4)
	编码个数	得分	编码个数	得分
预测第二轮完成目标=1	0.573	2.174	−0.936	−1.439
	(1.51)	(1.17)	(−1.14)	(−0.44)
男=1	−0.900**	−2.222	0.590	5.698*
	(−2.49)	(−1.25)	(0.77)	(1.87)
年龄(岁)	−0.035	2.185	0.115	2.489
	(−0.10)	(1.25)	(0.13)	(0.73)
年级	**1.253***	−0.855	**1.691***	0.868
	(3.42)	(−0.47)	**(1.99)**	(0.26)
风险偏好	**−0.666***	**−3.304***	−0.214	−2.702
	(−2.72)	**(−2.74)**	(−0.40)	(−1.28)
使用电脑=1	0.374	−0.125	**1.598***	**5.435***
	(0.97)	(−0.07)	**(1.97)**	**(1.68)**
常数	2.441	−16.465	0.803	−24.702
	(0.99)	(−1.36)	(0.13)	(−1.03)
Wald 检验 P 值 失败组 v.s. 获胜组	0.449	**0.035**	0.951	0.991
N	132	132	60	60
p	0.000	0.000	0.001	0.085

注：括号内为 t 值，*p<0.10，**p<0.05，***p<0.01。

(3) 小结

综上可知，胜败经历对留守儿童和非留守儿童的竞争参与选择产生了完全不同的影响。对于留守儿童，获胜对留守儿童产生了激励作用，使儿童显著地更多选择参与竞争，同时获胜的留守儿童也积极保持自己的编码成绩，这最终导致了获胜的留守儿童在第三轮获得更高的得分。失败使留守儿童更少选择参与竞争，但这种影响不显著。相比之下，对于非留守儿童，获胜和失败都使非留守儿童更加积极选择参与竞争,但只有失败经历的影响比较显著,获胜经历的影响不显著。

6.4.3 胜败经历影响的性别差异

已有部分研究发现竞争行为存在性别差异,在前几节的分析中,本研究也发现儿童在竞争参与选择方面存在一定的性别差异,但由于前面的回归中是将三种设置中的性别差异加总进行分析的,本节将分三种设置探讨,每种设置下存在儿童竞争行为的性别差异。图6.11(a)是三种设置中男童和女童在第一轮的编码个数,如图所示,男童和女童在未反馈组、失败组和获胜组中的编码个数都没有显著差异(双侧 t 检验,未反馈组,$t(58) = 0.04$,$p = 0.965$;失败组,$t(66) = 0.32$,$p = 0.750$;获胜组,$t(66) = 0.61$,$p = 0.543$)。图6.11(b)展示了三种设置中男童和女童的占比,可以看出,男童和女童在三种设置中的分布没有显著差异(卡方检验,$\chi(2) = 1.81$,$p = 0.405$)。由此可知,男童和女童在三种设置中是随机分组的。

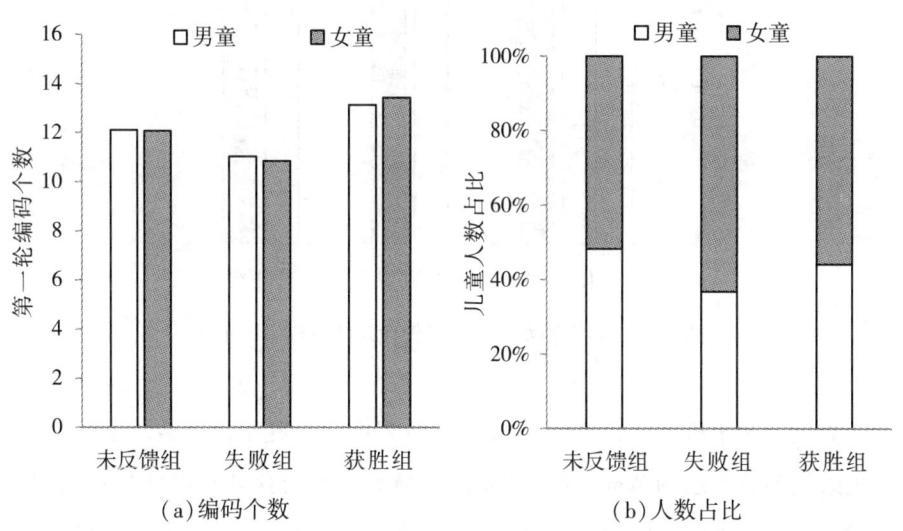

图 6.11 男童和女童的第一轮的表现

图 6.12 是三种设置中男童和女童在第二轮设定的目标个数,如图所示,无论是在未反馈组、失败组还是获胜组内,男童和女童在第二轮设定的个人目标编码个数均没有显著差异(双侧 t 检验,未反馈组,$t(58) = 0.83$,$p = 0.412$;失败组,$t(66) = 1.08$,$p = 0.282$;获胜组,$t(66) = 0.63$,$p = 0.528$)。三种设置之间的比较可以看到,男童和女童的失败组和获胜组定的目标都略低于未反馈组的,但这种差异在统计上不显著(单因素方差分析,男童,$F(111) = 1.32$,$p = 0.272$;女童,$F(83) = 1.32$,$p = 0.272$)。由于图中数据的分析并没有考虑男女在第一轮的编码个数的差异以及儿童的其他个体特征,接下来将加入控制变量,探讨胜败经历对男女目标设定可能产生的不同影响。

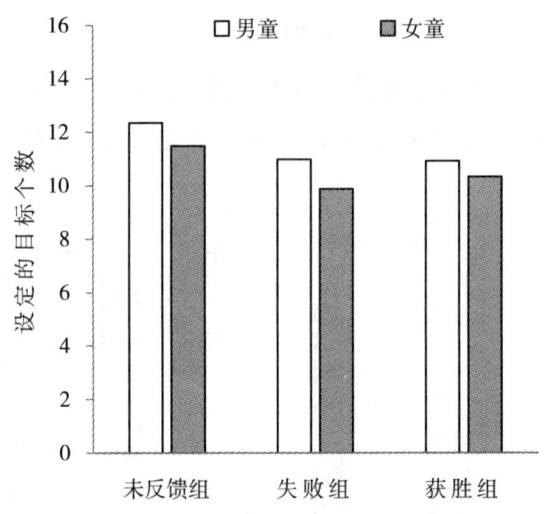

图 6.12 男童和女童在第二轮设定的目标编码个数

如表 6.8 中所示,在第(1)列和第(4)列中,获胜组的系数均显著为负,且失败组与获胜组的 Wald 检验的 p 值也显著,表明获胜对男童和女童的目标设定都有显著的负向影响,获胜的男童和女童都设定了一个相对更低的目标。失败对男童和女童的影响都不显著。此外,年龄对男童的目标设定有一定的影响，同一个年级里，年龄越大反而设定的目标越低。女童中年龄的系数也为负，但不显著。在第(2)列和第(5)列的编码个数回归分析中，男童和女童的失败组的系数较小，也不显著；女童的获胜组的系数显著为负，且Wald检验的 p 值也显著，表明获胜的女童在第二轮的编码个数显著少于未反馈组和失败组，这表明获胜对女童在第二轮的编码表现也产生一定的负向影响。相比之下，在第(2)列中男童的获胜组的系数较小且不显著，表明获胜经历对儿童在第二轮的编码表现的影响存在性别差异。在第(3)列和第(6)列的得分回归分析中，胜败经历对男童和女童在第二轮的得分均没有显著影响，但女童的得分存在一定的年龄差异和年级差异，年龄的系数显著为负，年级的系数显著为正，这表明在女童中，高年级的得分更高，但同一个年级里，年龄越大得分越低。最后，风险偏好和使用电脑经历对男童和女童第二轮的决策和表现均没有显著影响。总之，失败对男童和女童在第二轮目标设定的影响都不显著，但获胜使男童和女童在第二轮都设定了一个相对更低的目标。此外，获胜还会影响女童在第二轮的编码表现。

表6.8　胜败经历对男童和女童目标设定的影响的回归分析

OLS回归因变量	男童			女童		
	(1)	(2)	(3)	(4)	(5)	(6)
	目标设定	编码个数	得分	目标设定	编码个数	得分
失败组=1	−0.494	0.461	0.987	−0.407	−0.115	0.167
	(−0.57)	(0.79)	(0.76)	(−0.41)	(−0.16)	(0.11)
获胜组=1	**−2.111**[**]	−0.399	0.702	**−2.746**[***]	**−1.746**[**]	−1.392
	(**−2.38**)	(−0.67)	(0.53)	(**−2.87**)	(**−2.46**)	(−0.97)
第一轮编码个数	0.948[***]	0.564[***]	−0.150	0.966[***]	0.778[***]	0.703[**]
	(5.52)	(4.93)	(−0.59)	(5.17)	(5.62)	(2.52)

续表

OLS 回归 因变量	男童			女童		
	(1)	(2)	(3)	(4)	(5)	(6)
	目标设定	编码个数	得分	目标设定	编码个数	得分
年龄(岁)	**-1.263***	0.513	1.182	-0.196	-0.439	**-2.585****
	(-1.84)	(1.12)	(1.16)	(-0.23)	(-0.71)	**(-2.07)**
年级	0.785	0.307	0.312	-0.471	0.844	**2.235***
	(1.07)	(0.62)	(0.29)	(-0.58)	(1.41)	**(1.85)**
风险偏好	-0.246	-0.280	-0.727	-0.592	0.030	-0.222
	(-0.55)	(-0.94)	(-1.09)	(-1.14)	(0.08)	(-0.28)
使用电脑=1	0.473	-0.446	-1.322	0.044	0.988	1.286
	(0.66)	(-0.93)	(-1.24)	(0.05)	(1.65)	(1.06)
常数	9.661**	0.593	-2.126	4.988	4.366	13.758
	(2.07)	(0.19)	(-0.31)	(0.88)	(1.03)	(1.62)
Wald 检验 P 值-失败组 v.s. 获胜组	**0.077**	0.158	0.833	**0.035**	**0.047**	0.342
N	109	109	109	83	83	83
R^2	0.319	0.349	0.087	0.296	0.407	0.150
F	6.773	7.740	1.379	4.513	7.354	1.884
p	0.000	0.000	0.222	0.000	0.000	0.084

注：括号内为 t 值，*$p<0.10$，**$p<0.05$，***$p<0.01$。

图 6.13 是男童和女童在第三轮选择参与竞争的占比。单从图中可以看出，男童在每种设置中都比女童更加积极选择参与竞争，但从数据来看，未反馈组中，男童有 58% 的选择参与竞争，女童中有 38% 的选择参与竞争，两者在统计上并没有显著差异（双侧 t 检验，$t(58)=1.57$，$p=0.123$）；在失败组中，男童有 65%，女童有 32% 的选择参与竞争，两者之间有显著差异（双侧 t 检验，$t(66)=2.74$，$p=0.008$）；在获胜组中，男童有 68% 的，女童有

57%的选择参与竞争,两者在统计上也没有显著差异(双侧 t 检验,$t(66)=0.99$,$p=0.326$)。由此可知,男女在竞争参与选择方面主要在经历失败的儿童中有显著差异。三种设置间的比较可以看出,男童中,未反馈组、失败组和获胜组选择竞争的占比没有显著差异(单因素方差分析,$F(111)=0.40$,$p=0.671$),但女童中,获胜组显著比失败组更加积极地选择参与竞争(单侧 t 检验,$t(53)=1.85$,$p=0.035$);未反馈组与失败组和获胜组的竞争参与选择在统计上没有显著差异(双侧 t 检验,未反馈组 v.s. 失败组,$t(52)=0.45$,$p=0.656$;未反馈组 v.s. 获胜组,$t(57)=1.44$,$p=0.155$)。

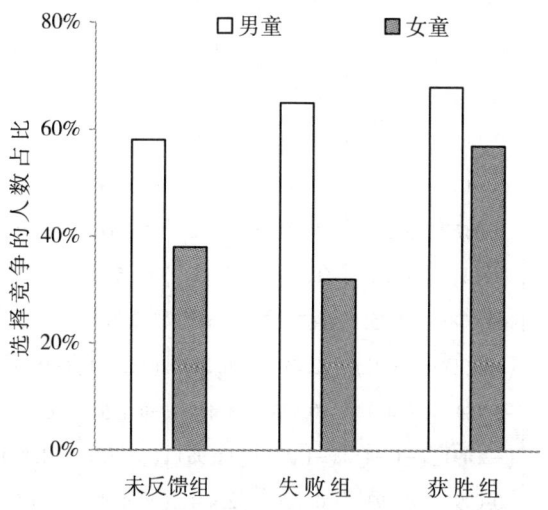

图 6.13 男童和女童的第三轮选择参与竞争的占比

表 6.9 中本研究加入第一轮的编码个数和儿童的个体特征等控制变量进行回归分析。其中第(2)栏和第(6)栏为对竞争参与决策的 Probit 回归,其他栏为 OLS 回归分析。结果可以看到,在第(2)栏和第(6)栏中,竞争失败的男童和女童都比成功的男童和女童更少地选择参与竞争,但胜败经历对女童的竞争参与决策影响更加显著,对男童的影响不显著。在男童和女童中,风险偏好越低的个体都更少选择参与竞争。此外,第(4)栏和第(8)栏的回归

分析也发现，失败的男童和女童在第三轮的得分都更低。

表6.9 胜败经历对男童和女童竞争参与决策的影响的回归分析

OLS 回归 因变量	男童				女童			
	参与竞争=1		编码个数	得分	参与竞争=1		编码个数	得分
	(1)	(2)	(3)	(4)	(5)	(6)	(7)	(8)
失败组 v.s. 获胜者	-0.187	-0.568	0.023	-4.834	**-0.384****	**-1.164****	-1.052	-4.506
	(-1.46)	(-1.47)	(0.03)	(-1.53)	**(-2.16)**	**(-2.20)**	(-1.15)	(-1.25)
第一轮编码个数	-0.033	-0.092	0.438***	1.104	-0.039	-0.120	0.386*	1.207
	(-1.07)	(-0.95)	(2.73)	(1.45)	(-0.95)	(-1.04)	(1.83)	(1.46)
第二轮目标设定	0.040**	0.123**	0.046	0.012	-0.018	-0.050	0.084	0.711
	(2.54)	(2.44)	(0.57)	(0.03)	(-0.77)	(-0.78)	(0.71)	(1.52)
预测第二轮完成目标=1	0.140	0.436	0.119	-0.268	-0.115	-0.358	-0.231	4.421
	(1.20)	(1.19)	(0.20)	(-0.09)	(-0.79)	(-0.89)	(-0.31)	(1.50)
年龄(岁)	0.067	0.221	0.121	3.012	0.259	0.791	0.108	3.150
	(0.61)	(0.66)	(0.21)	(1.13)	(1.59)	(1.62)	(0.13)	(0.96)
年级	-0.078	-0.255	1.678***	0.671	-0.077	-0.230	1.413*	-3.127
	(-0.67)	(-0.71)	(2.77)	(0.23)	(-0.52)	(-0.54)	(1.83)	(-1.03)
风险偏好	**-0.150****	**-0.429***	-0.454	**-3.497***	**-0.165***	**-0.477***	-0.096	-0.056
	(-2.09)	**(-1.94)**	(-1.22)	**(-1.98)**	**(-1.75)**	**(-1.81)**	(-0.20)	(-0.03)
使用电脑=1	0.099	0.292	0.427	2.441	0.179	0.545	0.899	1.089
	(0.90)	(0.88)	(0.75)	(0.90)	(1.23)	(1.30)	(1.20)	(0.37)
常数	0.622	0.058	-0.035	-18.431	-0.409	-2.929	1.626	-23.907
	(0.81)	(0.02)	(-0.01)	(-0.98)	(-0.39)	(-0.97)	(0.31)	(-1.14)
N	78	78	78	78	55	55	55	55
R^2	0.166		0.498	0.247	0.209		0.427	0.328
F	1.723		8.549	2.822	1.520		4.286	2.805
p	0.109	0.098	0.000	0.009	0.177	0.122	0.001	0.013

注：括号内为 t 值，*p<0.10，**p<0.05，***p<0.01。第(2)栏和第(6)栏是 Probit 回归结果，其他栏为 OLS 回归结果。在竞争参与决策方面，Probit 回归结果与 OLS 回归结果一致。

综上可知，获胜对男童和女童的目标设定和竞争参与的影响都是显著的，获胜的男童和女童都显著地在第二轮设定一个更低的目标，同时在第三轮更加积极地选择参与竞争。但这些影响也存在一定的性别差异，其中获胜对女童的影响更加显著，获胜使女童在第二轮更加显著地设定了一个更低的目标，同时在第三轮中，获胜的女童显著的比失败的女童更积极地选择参与竞争。此外获胜还会显著影响女童在第二轮的编码表现，获胜的女童在第二轮也显著比未反馈组和失败的女童编码了更少的汉字。

这个结果表明，在胜败经历的影响方面，男童和女童受影响导致的行为方向是一致的，只是受影响的程度不同，其中女童受影响的程度更加显著。这个也与已有的很多研究结论是一致的，即女性对实验内容更加敏感，更容易受实验设置以及外部条件等变化的影响，从而调整自己的行为。

6.5 稳健性检验

6.5.1 双留守儿童与单留守儿童的差异

(1) 胜败对双留守和单留守儿童目标设定的影响

图 6.14 是双留守儿童和单留守儿童在第一轮的编码个数。如图所示，在三种设置中，双留守儿童和单留守儿童在第一轮的编码个数均没有显著差异（双侧 t 检验，未反馈组，$t(38)=0.47$，$p=0.642$；失败组，$t(51)=0.12$，$p=0.905$；获胜组，$t(40)=0.90$，$p=0.371$）。这表明，双留守儿童和单留守儿童均是被随机分配到三种设置中的。

图 6.15 是双留守儿童和单留守儿童在第二轮设定的目标个数。可以看到在双留守儿童中，未反馈组设定的目标为 10.70 个（$s.d=4.43$），失败组设定的目标为 11.03 个（$s.d=4.34$），获胜组设定的目标为 10.47 个（$s.d=$

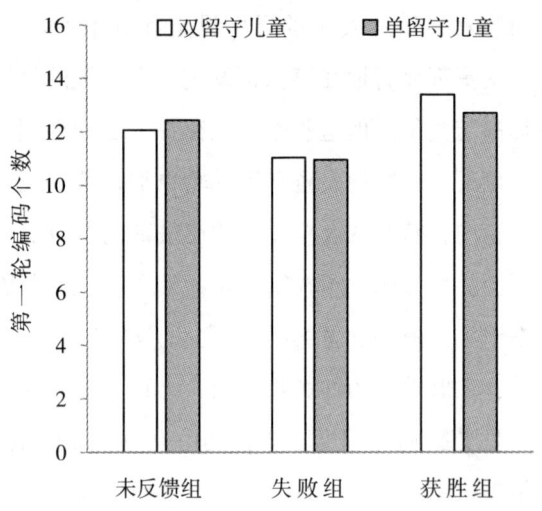

图 6.14 双留守和单留守儿童在第一轮的编码个数

3.89),三种设置下的目标个数并没有显著差异(单因素方差分析,$F(80)=0.15$,$p=0.865$)。在单留守儿童中,未反馈组设定的目标为 12.09 个($s.d=4.01$),失败组设定的目标为 11.05 个($s.d=3.37$),获胜组设定的目标为 10.50 个($s.d=3.47$),三种设置中的目标也没有显著差异(单因素方差分析,$F(53)=0.80$,$p=0.456$)。与双留守和单留守儿童在第一轮的编码个数相比,未反馈组的双留守儿童设定的目标显著低于其第一轮的编码个数(单侧 t 检验,$t(16)=-1.93$,$p=0.036$),但未反馈组的单留守儿童的目标也略低于其第一轮的编码个数,只是差异不显著(单侧 t 检验,$t(22)=-0.49$,$p=0.315$);失败组的双留守儿童和单留守儿童设定的目标均与其第一轮的编码个数无显著差异(双侧 t 检验,双留守儿童,$t(31)=0.00$,$p=1.00$;单留守儿童,$t(20)=0.13$,$p=0.901$);获胜组的双留守和单留守儿童的目标均低于其第一轮的编码个数(单侧 t 检验,双留守儿童,$t(31)=-4.62$,$p=0.000$;单留守儿童,$t(9)=-2.70$,$p=0.012$)。由此可见胜败经历对双留守和单留守儿童目标设定的影响是相似的。

图 6.16 是双留守儿童和单留守儿童在第二轮的编码个数。可以看到在

6.5 稳健性检验

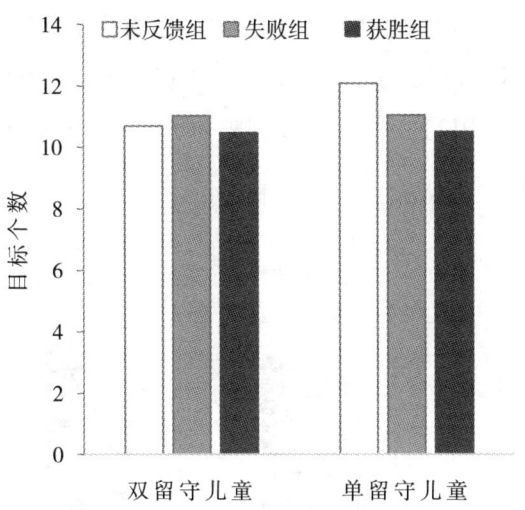

图 6.15 双留守和单留守儿童第二轮的目标设定

双留守儿童中，未反馈组的编码个数为 13.00 个（s.d=3.32），失败组的编码个数为 12.44 个（s.d=3.12），获胜组的编码个数为 13.09 个（s.d=2.52），三种设置下的编码个数并没有显著差异（单因素方差分析，$F(80)=0.44$，$p=0.645$）。在单留守儿童中，未反馈组的编码个数为 13.70 个（s.d=3.04），失败组的编码个数为 11.76 个（s.d=2.45），获胜组的编码个数为 13.60 个（s.d=3.69）。其中失败组的编码个数显著少于未反馈组和获胜组的编码个数（单侧 t 检验，失败组 v.s. 未反馈组，$t(42)=-2.31$，$p=0.013$；失败组 v.s. 获胜组，$t(29)=-1.66$，$p=0.054$），获胜组和未反馈组在第二轮的编码个数没有显著差异（双侧 t 检验，$t(31)=0.08$，$p=0.938$）。

与双留守和单留守儿童在第一轮的编码个数，未反馈组的双留守儿童的编码个数显著低于其第一轮的编码个数（单侧 t 检验，$t(16)=-1.93$，$p=0.036$），但未反馈组的单留守儿童的目标也略低于其第一轮的编码个数，只是差异不显著（单侧 t 检验，$t(22)=-0.49$，$p=0.315$）；失败组的双留守儿童和单留守儿童设定的目标均与其第一轮的编码个数无显著差异（双侧 t 检验，双留守儿童，$t(31) = 0.00$，$p = 1.00$；单留守儿童，$t(20) = 0.13$，$p = 0.901$）；获胜组的双留守和单留守儿童的目标均低于其第一轮的编码个数（单侧 t 检验，双留守儿童，$t(31) = -4.62$，$p = 0.000$；单留守儿童，$t(9) = -2.70$，$p = 0.012$）。由此可见胜败经历对双留守和单留守儿童目标设定的影响是相似的。

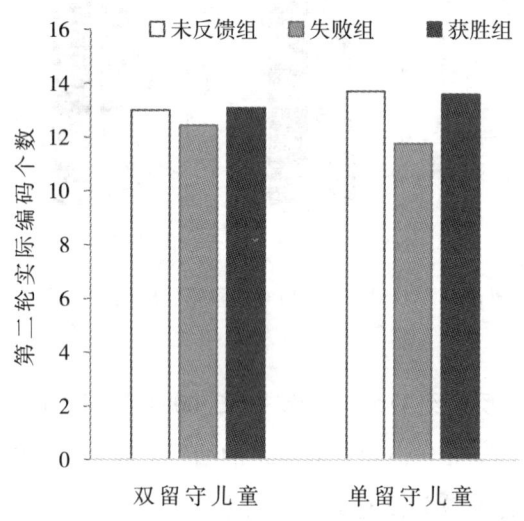

图 6.16 双留守和单留守儿童在第二轮的编码个数

表 6.10 中加入了第一轮的编码个数和个体特征，分析不同设置中，双留守儿童和单留守儿童在第二轮目标设定和编码个数的差异。在第(1)栏到第(3)栏的双留守儿童的回归中，失败组和获胜组在第二轮的目标设定和编码个数与未反馈组均没有显著差异，但失败组设定的目标高于未反馈组，获胜组设定的目标低于未反馈组。对系数的 Wald 检验发现双留守儿童的失败组与获胜组在目标设定方面存在显著差异，即失败组定的目标显著高于获胜组的目标。在第(4)栏到第(6)栏的单留守儿童的回归中，结果与双留守儿童类似，只是失败组与获胜组之间设定目标的差异是边缘显著的。整体来说，胜败经历对双留守儿童和单留守儿童目标设定的影响是一致的，失败经

历导致双留守儿童和单留守儿童都设置一个更高的目标,只是对双留守儿童的影响更加显著;胜败经历对双留守儿童和单留守儿童第二轮的编码个数没有显著影响。

此外,第一轮的编码个数越高的个体在第二轮设定的目标个数越高,这种影响对双留守儿童和单留守儿童的影响是一样显著的。双留守儿童中,年龄越高的个体设定的目标个数越低。而单留守儿童中,则是年级越高的个体设定的目标个数越低。本质上即年龄越大的儿童会设定一个越低的目标。

表6.10 胜败经历对双留守儿童和单留守儿童在第二轮表现的影响的回归分析

OLS 回归变量	双留守儿童			单留守儿童		
	(1)	(2)	(3)	(4)	(5)	(6)
	目标个数	编码个数	得分	目标个数	编码个数	得分
失败组=1	1.124	0.321	0.876	0.613	-1.061	-0.740
	(0.98)	(0.41)	(0.52)	(0.57)	(-1.26)	(-0.42)
获胜组=1	-1.512	-0.641	1.249	-1.795	-0.240	0.791
	(-1.31)	(-0.82)	(0.74)	(-1.41)	(-0.24)	(0.38)
第一轮编码个数	**0.966*****	**0.700*****	0.419	**0.966*****	**0.686*****	0.115
	(4.82)	**(5.15)**	(1.43)	**(4.40)**	**(3.98)**	(0.32)
性别(男=1)	0.430	-0.798	-0.961	-0.024	-0.723	-1.824
	(0.50)	(-1.38)	(-0.77)	(-0.02)	(-0.94)	(-1.12)
年龄(岁)	**-1.740****	0.458	-0.225	1.780	-0.652	-2.136
	(-2.18)	(0.84)	(-0.19)	(1.62)	(-0.76)	(-1.18)
年级	1.178	-0.043	0.661	**-2.743****	1.154	2.641
	(1.41)	(-0.07)	(0.54)	**(-2.42)**	(1.30)	(1.42)

续表

OLS 回归变量	双留守儿童			单留守儿童		
	(1)	(2)	(3)	(4)	(5)	(6)
	目标个数	编码个数	得分	目标个数	编码个数	得分
风险偏好	-0.046	-0.489	-0.738	-0.858	0.008	-0.763
	(-0.08)	(-1.26)	(-0.88)	(-1.23)	(0.01)	(-0.66)
用过电脑=1	0.621	-0.014	-1.300	-0.914	0.399	1.643
	(0.72)	(-0.02)	(-1.03)	(-0.81)	(0.45)	(0.89)
常量	10.035*	1.957	3.657	-2.851	6.770	16.985
	(1.82)	(0.52)	(0.45)	(-0.41)	(1.23)	(1.47)
Wald 检验 P 值 失败组 v.s 获胜组	**0.015**	0.184	0.811	**0.100**	0.469	0.520
N	80	80	80	52	52	52
R^2	0.339	0.385	0.093	0.382	0.413	0.130
F	4.545	5.548	0.911	3.321	3.777	0.805
p	0.000	0.000	0.512	0.005	0.002	0.602

注：括号内为 t 值，*$p<0.10$，**$p<0.05$，***$p<0.01$。

(2) 胜败对双留守和单留守儿童竞争参与决策的影响

本节考察胜败经历对留守儿童和非留守儿童竞争参与决策产生的影响。表 6.11 在不同设置中控制第一轮和第二轮的实验结果以及个体特征考察胜败经历对双留守儿童和单留守儿童竞争参与行为的影响。其中第(2)栏和第(6)栏为对竞争选择的 probit 回归，其他栏为 OLS 回归分析。从第(1)栏到第(4)栏对双留守儿童的回归结果发现，失败组和获胜组与未反馈组的竞争参与决策没有显著差异。但 Wald 系数检验发现，失败组与获胜组竞争参与决策的差异边缘显著。第(5)栏到第(8)栏胜败经历对单留守儿童的影响与对双留守儿童的影响相似，只是单留守儿童的失败组与获胜组的差异更加显著。此外单留守儿童失败组的得分显著低于未反馈组和获胜组，双留守儿童失败组的得分与其他组没有显著差异。

协变量中，第一轮编码个数对双留守儿童和单留守儿童第三轮的编码个数的影响显著为正，即前面编码个数多的个体在后面也一样保持着相对领先的编码个数。双留守儿童中，男童比女童更积极选择参与竞争。高年级的双留守和单留守儿童在第三轮的编码个数更高。风险偏好对双留守儿童和单留守儿童在第三轮的得分都有负向影响，其中对双留守儿童的影响显著，对单留守儿童的影响不显著，即越风险规避的儿童在第三轮的得分更低。原因可能是风险规避的个体更少选择参与竞争。

表6.11 胜败经历对双留守和单留守儿童第三轮竞争参与决策的影响的回归分析

回归因变量	双留守儿童				单留守儿童			
	参与竞争=1		编码个数	得分	参与竞争=1		编码个数	得分
	(1)	(2)	(3)	(4)	(5)	(6)	(7)	(8)
失败组=1	−0.155	−0.478	−0.410	0.659	−0.206	−0.763	−1.189	−7.131**
	(−1.06)	(−1.00)	(−0.63)	(0.20)	(−1.24)	(−1.41)	(−1.65)	(−2.17)
获胜组=1	0.064	0.204	−0.186	2.849	0.256	0.712	−0.094	3.761
	(0.44)	(0.41)	(−0.28)	(0.85)	(1.30)	(1.23)	(−0.11)	(0.97)
第一轮编码个数	−0.020	−0.065	**0.536***	2.310***	−0.000	−0.015	**0.597***	0.958
	(−0.71)	(−0.71)	(**4.21**)	(**3.55**)	(−0.00)	(−0.11)	(**3.32**)	(1.17)
第二轮目标设定	−0.002	−0.007	0.055	0.230	0.046*	0.150*	0.165	−0.018
	(−0.14)	(−0.15)	(0.82)	(0.67)	(1.91)	(1.82)	(1.59)	(−0.04)
第二轮目标完成预测(完成=1)	0.061	0.218	0.234	2.397	0.109	0.383	1.090	4.645
	(0.53)	(0.59)	(0.45)	(0.91)	(0.70)	(0.79)	(1.60)	(1.50)
性别(男=1)	**0.299***	0.969***	−0.782	−2.298	0.053	0.174	−1.019	−2.082
	(**2.82**)	(2.68)	(−1.65)	(−0.95)	(0.36)	(0.38)	(−1.61)	(−0.72)
年龄(岁)	−0.091	−0.393	0.198	1.793	0.023	0.060	−0.613	1.581
	(−0.89)	(−1.18)	(0.43)	(0.77)	(0.14)	(0.11)	(−0.84)	(0.48)

续表

回归因变量	双留守儿童				单留守儿童			
	参与竞争=1		编码个数	得分	参与竞争=1		编码个数	得分
	(1)	(2)	(3)	(4)	(5)	(6)	(7)	(8)
年级	-0.017	0.025	**1.214****	-1.147	0.094	0.315	**1.463***	0.008
	(-0.16)	(0.07)	**(2.59)**	(-0.48)	(0.52)	(0.55)	**(1.88)**	(0.00)
风险偏好	-0.138*	-0.477*	-0.423	-4.173**	0.006	-0.018	-0.791	-2.006
	(-1.94)	(-1.92)	(-1.33)	(-2.57)	(0.06)	(-0.06)	(-1.68)	(-0.94)
使用电脑(用过=1)	0.180*	0.586	0.442	-1.614	-0.129	-0.413	0.547	2.905
	(1.68)	(1.63)	(0.92)	(-0.66)	(-0.77)	(-0.82)	(0.75)	(0.87)
常量	1.887***	5.135**	0.937	-17.187	-0.705	-3.550	6.064	-7.625
	(2.67)	(2.15)	(0.30)	(-1.06)	(-0.68)	(-1.04)	(1.34)	(-0.37)
Wald 检验 p 值-失败组 v.s. 获胜组	**0.111**	0.123	0.714	0.483	**0.042**	**0.037**	0.257	**0.016**
N	80	80	80	80	52	52	52	52
R^2	0.235		0.600	0.369	0.274		0.601	0.337
F	2.119		10.371	4.028	1.549		6.172	2.082
p	0.034	0.024	0.000	0.000	0.157	0.098	0.000	0.049

注：圆括号内为 t 值，*$p<0.10$，**$p<0.05$，***$p<0.01$。第(2)栏和第(6)栏是 probit 回归结果，其他栏为 OLS 回归结果。在竞争参与决策方面，probit 回归结果与 OLS 回归结果一致。

6.5.2 父母陪伴的不同影响

(1)胜败对父亲外出和母亲外出儿童的目标设定的影响

胜败经历对父亲外出打工和母亲外出打工儿童的影响可能存在差异。本研究进一步根据儿童父亲外出打工的情况对儿童重新进行分组。其中父亲和母亲均在家的儿童占样本的31%左右，父亲在家但母亲外出的儿童占比8%，父亲外出而母亲在家的儿童占比19%，父母均外出的儿童占比42%。表6.12

中加入控制变量后考察胜败经历对父亲外出儿童和母亲外出儿童的目标设定的影响。从第(1)栏和第(4)栏的回归结果可以看到，获胜经历使父亲外出儿童和母亲外出儿童设定的目标显著低于未反馈组，且也显著的低于失败组。失败组的父亲外出儿童和母亲外出儿童设定的目标与未反馈组没有显著差异。这表明胜败经历对父亲外出和母亲外出儿童的目标设定的影响是相似的。此外，第一轮编码个数高的儿童设定的目标也更高，这与前面的研究结果都是一致的。父母外出的儿童中男童在第二轮的编码个数显著低于女童的，但系数较小，表明差异并不是很大。

表6.12 胜败经历对父亲外出和母亲外出儿童的目标设定的影响的回归分析

OLS回归 因变量	父亲外出儿童			母亲外出儿童		
	(1)	(2)	(3)	(4)	(5)	(6)
	目标设定	编码个数	得分	目标设定	编码个数	得分
失败组=1	0.649	-0.171	0.281	0.662	0.088	0.635
	(0.78)	(-0.29)	(0.23)	(0.66)	(0.13)	(0.42)
获胜组=1	**-1.887**^{**}	-0.902	0.681	**-1.710**[*]	-0.538	1.231
	(-2.16)	(-1.46)	(0.54)	**(-1.71)**	(-0.80)	(0.81)
第一轮编码个数	**0.946**^{***}	**0.726**^{***}	0.371	**0.981**^{***}	**0.647**^{***}	0.355
	(6.00)	**(6.54)**	(1.62)	**(5.33)**	**(5.23)**	(1.27)
男=1	0.515	**-0.972**^{**}	-1.387	0.707	-0.624	-1.061
	(0.75)	**(-2.02)**	(-1.40)	(0.92)	(-1.21)	(-0.91)
年龄(岁)	0.449	0.200	1.252	0.660	-0.026	0.731
	(0.66)	(0.41)	(1.26)	(0.86)	(-0.05)	(0.63)
年级	-1.064	0.257	-0.703	**-1.297**[*]	0.483	-0.235
	(-1.61)	(0.55)	(-0.73)	(-1.78)	(0.98)	(-0.21)
风险偏好	-0.272	-0.432	-0.900	0.231	-0.365	-0.666
	(-0.59)	(-1.34)	(-1.35)	(0.44)	(-1.04)	(-0.84)

续表

OLS 回归 因变量	父亲外出儿童			母亲外出儿童		
	（1）	（2）	（3）	（4）	（5）	（6）
	目标设定	编码个数	得分	目标设定	编码个数	得分
使用电脑=1	0.647	0.096	-0.869	0.285	-0.049	-0.526
	(0.89)	(0.19)	(-0.82)	(0.37)	(-0.09)	(-0.45)
常数	7.766*	2.859	7.330	7.567	1.971	3.887
	(1.73)	(0.91)	(1.13)	(1.50)	(0.58)	(0.51)
Wald 检验 P 值 失败组 v.s. 获胜组	**0.006**	0.249	0.759	**0.016**	0.338	0.686
N	117	117	117	95	95	95
R^2	0.308	0.390	0.094	0.320	0.362	0.065
F	6.019	8.614	1.395	5.050	6.097	0.745
p	0.000	0.000	0.207	0.000	0.000	0.652

注：括号内为 t 值，*$p<0.10$，**$p<0.05$，***$p<0.01$。

（2）胜败对父亲外出和母亲外出儿童的竞争参与的影响

本研究进一步考察胜败经历对父母外出儿童竞争参与决策的影响。在表 6.13 中第（2）栏和第（6）栏为对竞争选择的 probit 回归，其他栏为 OLS 回归分析。如表所示，父亲外出儿童和母亲外出儿童中的失败组和获胜组在第三轮的竞争参与决策与未反馈组均没有显著差异，但 Wald 系数检验发现，失败组和获胜组之间有显著差异。对于父亲外出和母亲外出的儿童，失败组都显著比获胜组更少选择参与竞争。这表明胜败经历对父亲外出儿童和母亲外出儿童竞争参与决策的影响是相似的。此外，对于父亲外出和母亲外出儿童，男童均比女童更加积极选择参与竞争，但男童均比女童编码个数更少，风险越规避的儿童在第三轮的得分都更低。

表 6.13 胜败经历对父亲外出和母亲外出儿童的竞争参与的影响的回归分析

OLS 回归 因变量	父亲外出儿童				母亲外出儿童			
	参与竞争=1	编码个数	得分		参与竞争=1	编码个数	得分	
	(1)	(2)	(3)	(4)	(5)	(6)	(7)	(8)
失败组=1	−0.079	−0.205	−0.509	−2.451	−0.159	−0.474	−0.478	0.488
	(−0.68)	(−0.67)	(−1.07)	(−1.04)	(−1.20)	(−1.22)	(−0.87)	(0.18)
获胜组=1	0.165	0.489	−0.334	1.538	0.155	0.492	−0.057	4.318
	(1.32)	(1.43)	(−0.65)	(0.61)	(1.16)	(1.20)	(−0.10)	(1.53)
第一轮编码个数	−0.008	−0.022	0.600***	2.003***	−0.029	−0.086	0.535***	2.083***
	(−0.31)	(−0.32)	(5.69)	(3.83)	(−1.03)	(−1.03)	(4.58)	(3.54)
第二轮目标设定	0.005	0.015	0.091	0.106	0.011	0.036	0.056	0.200
	(0.35)	(0.39)	(1.59)	(0.37)	(0.78)	(0.85)	(0.91)	(0.65)
预测第二轮完成目标=1	0.093	0.258	0.540	1.679	0.104	0.329	0.328	2.612
	(0.91)	(0.95)	(1.30)	(0.82)	(0.98)	(1.06)	(0.74)	(1.17)
男=1	0.192**	0.515**	−0.881**	−1.827	0.254**	0.744**	−0.826*	−2.745
	(2.01)	(1.99)	(−2.26)	(−0.94)	(2.50)	(2.42)	(−1.94)	(−1.28)
年龄(岁)	−0.047	−0.133	0.014	1.346	−0.003	−0.028	0.120	2.960
	(−0.50)	(−0.53)	(0.04)	(0.71)	(−0.03)	(−0.10)	(0.29)	(1.44)
年级	−0.013	−0.033	1.278***	−0.234	−0.091	−0.265	1.197***	−1.933
	(−0.14)	(−0.13)	(3.27)	(−0.12)	(−0.90)	(−0.87)	(2.82)	(−0.90)
风险偏好	−0.094	−0.258	−0.648**	−3.448***	−0.134*	−0.411*	−0.466	−3.699**
	(−1.47)	(−1.47)	(−2.48)	(−2.66)	(−1.94)	(−1.89)	(−1.60)	(−2.53)
使用电脑=1	0.079	0.223	0.361	−1.116	0.111	0.330	0.395	−0.314
	(0.78)	(0.80)	(0.87)	(−0.54)	(1.08)	(1.07)	(0.92)	(−0.14)
常数	1.096*	1.637	1.784	−11.616	1.276*	2.476	1.725	−24.053*
	(1.69)	(0.95)	(0.67)	(−0.89)	(1.88)	(1.22)	(0.61)	(−1.68)
Wald 检验 p 值-失败组 v.s. 获胜组	**0.062**	**0.053**	0.742	0.131	**0.019**	**0.018**	0.445	0.170

续表

OLS 回归 因变量	父亲外出儿童				母亲外出儿童			
	参与竞争=1	编码个数		得分	参与竞争=1		编码个数	得分
	(1)	(2)	(3)	(4)	(5)	(6)	(7)	(8)
N	117	117	117	117	95	95	95	95
R^2	0.107		0.581	0.321	0.197		0.578	0.356
F	1.419		16.456	5.610	2.317		12.924	5.211
p	0.189	0.219	0.000	0.000	0.022	0.022	0.000	0.000

注：括号内为 t 值，$^*p<0.10$，$^{**}p<0.05$，$^{***}p<0.01$。第(2)栏和第(6)栏是 probit 回归结果，其他栏为 OLS 回归结果。在竞争参与决策方面，probit 回归结果与 OLS 回归结果一致。

综上可以看到，在分双留守和单留守儿童的分析中，胜败经历对双留守儿童和单留守儿童目标设定和竞争参与的影响是一致的，只是显著性有所差异而已。在分父亲外出和母亲外出的分样本分析中，胜败经历对两类儿童目标设定和竞争参与的影响几乎没有差异。由此可知胜败经历对留守儿童和非留守儿童的影响是稳健的。

6.6 本章小结

托尔斯泰说："幸福的家庭都是相似的，不幸的家庭却各有各的不幸。"这句话的结构也可以用于描述胜败经历与儿童的目标设定和竞争参与——获胜经历对所有儿童的影响都是相似的，失败经历对不同儿童却各有不同的影响。获胜的儿童，都变得更加保守稳健；失败的儿童，却有的一蹶不振，有的越挫越勇。

本研究在前人的基础上，采用实验经济学研究方法探索成功与失败经历对 8~11 岁中国儿童后续的个人目标设定和社会竞争参与决策产生的影响。可以得到如下结论：①在目标设定方面，获胜经历使留守儿童和非留守儿童都变得更加保守,设定一个低于自己能力的目标;失败经历对留守儿童和非留守儿童的影响不同,失败经历使非留守儿童变得极其保守,设定一个非常低的目标,但对留守儿童几乎没有影响。②在目标设定后的绩效表现方面,获胜使留守儿童和非留守儿童都降低了自己的相对绩效表现,但失败经历促进非留守儿童显著提高绩效表现,留守儿童的表现反而下降。③在社会竞争参与决策方面,获胜经历使留守儿童和非留守儿童都更加积极参与竞争,对留守儿童的促进作用尤其显著,对非留守儿童的影响不显著;失败也同样促进了非留守儿童积极参与竞争,失败对留守儿童的竞争参与产生负面影响。

综上可知,获胜经历对留守儿童和非留守儿童目标设定和竞争参与行为的影响是一致的,但对留守儿童的作用更加显著;失败经历对留守儿童和非留守儿童的影响则表现出不同的模式,对留守儿童的影响是负向的,对非留守儿童反而有显著的正向激励作用。胜败经历对留守儿童和非留守儿童影响的差异可能与儿童成长过程中的挫折经历以及归因方式不同有关。

Berkowitz(1989)曾提到若弱势群体对自身的不利地位普遍持有负面观点,则很有可能会引发挫折。心理环境中的依恋关系和自尊水平也会影响儿童抗挫折、抗逆境能力的形成,安全的依恋关系、高自尊和积极的情绪有助于儿童自主应对压力、迎接挑战(同雪莉,2016)。而留守儿童因为思念父母,常常产生孤独,焦虑和沮丧等负面情绪(罗静等,2009),而这些消极情绪与挫折感的产生是高度相关的(黄潇潇等,2019)。此外,由于缺乏父母陪伴,留守儿童在成长过程中遇到挫折时,很可能不能及时从父母和家庭中获得正确的处理方法和指导意见(谢芳,2019)。儿童时期心理发育尚不成熟,在缺乏足够的社会支持的情况下,面对挫折很容易选择抵触情绪,缺乏耐心,选择逃避(张亦欣和刘志军,2016)。

已有研究也发现对成败的归因会影响后续的应对行为(Weiner et al.,1987)。积极的归因与正向的情感体验、较高的期望、行为的加强相联系。在归因方式方面,已有研究发现,留守儿童对正、负性事件的归因方式都较为消极,在应对方式上也多采用消极的情绪取向的应对方式,比如忍耐、逃避、发泄以及否认等(周晨旭,2014),被忽略的儿童对能力归因更多做出自贬倾向(郭晓红,2014)。如果留守儿童对成功事件归因成外在的、暂时的和特殊的,对失败事件归因成普遍的和持久的,那么在后续行为中,留守儿童面对成功就可能变得保守,面对失败可能就会因感觉无助而放弃努力。

本研究的结果与不少已有研究结论相一致(Heine et al.,2001;McGregor & Elliot,2005;Fershtman & Gneezy,2011)。本书从新的视角验证了失败经历对自我提升的积极作用,对与他人竞争的消极影响。在性别差异方面,本书的研究结果与 Buser(2016)对荷兰大学生的研究结果有所不同,这可能是由于东西方文化的差异,事实上 Heine 等(2001)研究胜败对日本和北美大学生后续坚持行为的影响时就发现存在文化差异。本书的研究结论为理解胜败经历对儿童后续竞争行为的影响提供新的洞见。

当然,本研究也存在不可避免的局限性。第一,本书被试对象为中部贫困农村儿童,其结果在我国其他地区以及城市地区儿童是否仍然成立,这可能需要更多的研究回答。第二,我们的实验揭示的胜败经历对儿童后续竞争行为影响,只是短期效应。一些不那么重要的竞争,也许只在短期产生影响;但持续的竞争成功或失败,或者重大的成功和失败,它们所带来的长期影响是什么,我们尚无法回答。

第 7 章 结 束 语

7.1 研究结论

本书采用经济学前沿方法——实地实验(field experiment),从三个维度研究留守儿童的竞争行为,来探索留守儿童和非留守儿童寻求挑战的进取心差异。在第 4 章,本书研究留守儿童和非留守儿童在社会竞争(与别人竞争)参与决策上的差异;第 5 章探讨了留守儿童和非留守儿童的自我竞争(与自己竞争)参与决策差异;在第 6 章,引入竞争胜败的反馈机制,通过一个多轮博弈,研究胜败经历对儿童目标设定和竞争参与决策的影响。经济学实验强调使用真实的利益(比如金钱)来刺激个体行为,从而诱导出个体的真实行为。本书也正是这么做的。本书的实验中,被试儿童们置身于一个真实的游戏环境中,并且根据行为表现获得真实的货币收益。在实验中,儿童得到的货币收益超过他们一周的零花钱,这足以对他们形成强烈的刺激,因此他们的行为将是最真实的。

归纳下来,本研究的主要结论如表 7.1。在竞争参与决策中,留守儿童和非留守儿童都有较高的进取心,都能积极参与不涉及人际互动的自我挑战;但面临具有人际互动的社会竞争时,留守儿童将更加规避与别人竞争。在胜败经历对后续竞争行为的影响方面,获胜的经历对留守儿童和非留守儿童的影响相似,但面对失败经历,留守儿童会更容易一蹶不振,变得不再继续努力并且更规避参与竞争,而非留守儿童则表现出越挫越勇的特点。

表 7.1　　　　　　　　本文的主要研究结论汇总

实验研究 儿童身份	竞争参与决策		胜败经历与后续竞争参与	
	与自己竞争	与他人竞争	经历成功后	经历失败后
留守儿童	相同:积极挑战	更规避竞争	相同:保守稳健	一蹶不振
非留守儿童		更偏好竞争		越挫越勇

具体研究结论如下:

第一,在社会竞争中,留守儿童比非留守儿童显著地规避参与竞争。这种竞争偏好差异,并不是由于儿童在实验任务中的能力和表现引起的,与儿童的性别、体格(身高/体重)、父母的教育程度和家庭经济状况都没有关系,这些因素对儿童的竞争选择行为都没有显著影响。儿童"留守"(缺乏父母陪伴)状态,显著影响了儿童的竞争偏好。父亲缺席或母亲缺席对儿童的竞争偏好都有影响,会导致儿童更不愿参与竞争,但父亲的影响更大且统计上显著,母亲的影响则相对较小且统计上不显著。父母频繁探望可以在一定程度上缓解父母离家对儿童竞争偏好的影响。

第二,在自我竞争中,留守儿童和非留守儿童的竞争参与决策没有显著差异。留守儿童和非留守儿童都积极参与自我竞争。父母缺席对儿童的自我竞争偏好没有显著影响。风险偏好更高、自我效能感更强的个体更积极参与自我挑战。自我竞争参与行为存在性别差异,男童比女童更加积极参与自我挑战。

第三,失败经历更易对留守儿童产生负向影响。在目标设定方面,获胜经历会导致留守儿童和非留守儿童都设定一个更低的目标,但失败经历对留守儿童和非留守儿童的影响不同。失败经历使非留守儿童设定较低目标,并显著提高了绩效表现,留守儿童则在经历失败后不再增加努力。在竞争参与方面，获胜使留守儿童和非留守儿童都积极参与竞争，失败经历则会导致留守儿童更加规避参与竞争，非留守儿童在失败后的竞争参与热情并没有降低。此外，胜败经历对儿童的目标设定与竞争参与决策的影响存在性别差异。胜败经历对女童的影响更加显著。获胜的女童会变得更加保守，设定一个显著低于自己能力的目标，失败的女童在竞争参与选择时显著的更少选择参与竞争。

7.2 政策含义

本书研究结果对于指导儿童发展和改善留守儿童的发展状况具有一定的启示。

（1）父母应提高对孩子的监护意识和责任，不要在孩子的成长过程中缺席；父母若不能一直陪在孩子身边，也应保持必要的频率探望孩子。频繁探望一方面可以提升儿童在群体中的自信心，另一方面可以缓解儿童的孤独、焦虑和挫败感，这些都有助于儿童积极融入社会互动和社会交往中，促进儿童参与社会竞争。

（2）在儿童成长过程中，学校和家长也需要适度平衡儿童的竞争成功和失败的体验，两者兼顾，发挥成功经历的激励作用和失败经历的自省作用，让儿童在经历中学会应对胜败。在现实中，由于贫困或者缺乏父母陪伴和及时疏导，留守儿童经历挫败后，容易形成习得性无助，退出与他人竞争，比如自暴自弃、减少社会交往、降低学习兴趣、甚至辍学。对于留守儿童尤其是要结合其生存环境和成长经历，利用成功体验的激励机制，引导处于不利环境的儿童正确看待成败，做到"胜不骄，败不馁"。

（3）对于一些成长环境特别不利的留守儿童(比如父母常年离家，几乎无人照料，长期缺少关爱等)，需要政府和学校及时进行精准干预，健全农村留守儿童服务机制，越早进行干预越能最大程度弥补儿童的发展劣势。对儿童期及以后的留守儿童的干预,应以塑造性格、激励动机为主而非片面专注于提升认知能力。对于一些可以受到良好照料却无法从抚养者(比如祖父母)那里获得足够互动刺激的农村留守儿童,相关部门和学校可以建立一些儿童公共设施,比如公共图书馆、阅览室、体育室等设施,并定期开展一些活动,让留守儿童有处安放童年。

(4)鼓励社会各界积极参与改善留守儿童发展状况。在学术界,应积极鼓励更多学者参与留守儿童研究,一方面,深入了解留守儿童和非留守儿童在非认知能力发展各方面的差异;另一方面,通过跟踪研究,探索童年缺失父母陪伴对成人后社会和经济成就的影响。对企业,应鼓励私营部门积极参与,包括私人社会团体和慈善家,增加公共资源,创建社区支持。通过社会各层面力量的共同努力,打造出各种有效且因地制宜的儿童发展干预项目。

7.3 研究局限及展望

本书从三个维度研究了留守儿童和非留守儿童竞争行为的差异,探讨差异产生的机制,并给出了相应的政策建议。本书的研究也不可避免地存在一定局限性,这也为本书的后续研究提供了一些方向。本书只是基于河南和湖北省份的几所农村小学的儿童样本,研究留守儿童和非留守儿童在竞争行为方面存在差异,是一个探索性的研究。在后续的研究中,具体还可以就以下问题进一步研究探讨:

(1)本书被试对象为中部贫困农村儿童,其结果在我国其他地区以及城市地区儿童是否仍然成立,这可能需要更多的研究回答。由于受实验成本限制,本文的被试群体主要是河南和湖北地区某几所小学 8~12 岁的学生,虽然单个实验 140 多的样本量在实验经济学研究中不算少,但样本的选择不够广。在后续的研究中,如果获得足够的经费支持,可以将样本扩展到西部地区,毕竟中西部地区是我国留守儿童占比最高的地区,如此扩展可以得到更加全面且一般性的结论。已有研究表明儿童在0~3岁时父母陪伴的缺失对儿童的影响可能更大,在后续的研究也可以考虑将被试群体年龄降低到学龄前,同时可以对比随着年龄增长,探究儿童的竞争偏好的变化,父母陪伴的缺失产生的影响是逐渐消退还是逐渐加深。

(2)本书并没有对儿童竞争行为差异背后的机制进行经验检验。本书从多个维度探讨留守儿童和非留守儿童在竞争行为方面的差异,是一种探索性的研究。在每章最后本书都对实验结果的产生机制进行了一些猜想和探讨,但还不够深入。后续研究可以通过一些实验设置对机制进行检验,找到导致儿童竞争偏好差异的根本原因,进而进行更加精准有效的干预。

(3)对父母陪伴的缺失,本书从父母探家频率角度切入,从时间维度证明,父母陪伴对儿童竞争行为产生的影响,但并未考虑父母每次探家停留的时间以及探家期间陪伴的质量。父母陪伴不仅时间长短重要,陪伴质量也很重要。在后续的研究中,可以通过对儿童和家长进行深入的问卷调查和访谈,从陪伴时间和陪伴质量两个角度探讨父母陪伴对儿童竞争行为的影响。

参考文献

[1] 岑延远, 聂衍刚. 论个体竞争性的心理学研究[J]. 心理发展与教育, 2005(03): 125-128.

[2] 常青, 夏绪仁. 农村留守儿童人格特征研究[J]. 心理科学, 2008, 31(06): 1406-1408.

[3] 陈京军, 范兴华, 程晓荣, 王水珍. 农村留守儿童家庭功能与问题行为: 自我控制的中介作用[J]. 中国临床心理学杂志, 2014, 22(2): 319-323.

[4] 陈晓露. 童年经历与竞争态度、人际信任的关系研究[D]. 福州: 福建师范大学, 2015.

[5] 崔丽莹. 小学儿童合作观念与行为的发展研究[D]. 上海: 华东师范大学, 2011.

[6] 董志强, 洪夏璇. 行为劳动经济学: 行为经济学对劳动经济学的贡献[J]. 经济评论, 2010(5): 132-138.

[7] 董志强, 洪夏璇. 行为劳动经济学研究进展[J]. 经济学动态, 2008(02): 84-88.

[8] 杜宁华. 经济学实验的内部有效性和外部有效性——与朱富强先生商榷[J]. 学术月刊, 2017, 49(8): 80-87.

[9] 段成荣, 吕利丹, 郭静, 王宗萍. 我国农村留守儿童生存和发展基本状况——基于第六次人口普查数据的分析[J]. 人口学刊, 2013, 35(3): 37-49.

[10] 段成荣，杨舸．我国农村留守儿童状况研究[J]．人口研究，2008(3)：15-25．

[11] 范先佐．农村"留守儿童"教育面临的问题及对策[J]．国家教育行政学院学报，2005(7)：78-84．

[12] 范兴华，方晓义，刘杨，等．流动儿童歧视知觉与社会文化适应：社会支持和社会认同的作用[J]．心理学报，2012，44(05)：647-663．

[13] 高鸿桢．实验经济学的理论与方法[J]．厦门大学学报(哲学社会科学版)，2003(1)：5-14．

[14] 高建华．区域竞争生态位研究[D]．开封：河南大学，2007．

[15] 郭晓红．4~6岁留守儿童自我提升的特点以及与社会适应的关系[D]．北京：首都师范大学，2014．

[16] 洪恬，王珊珊，黄平．留守儿童家庭环境状况及其与自我概念——应对方式的关系[J]．中国健康心理学杂志，2012，20(2)：221-224．

[17] 胡枫，李善同．父母外出务工对农村留守儿童教育的影响——基于5城市农民工调查的实证分析[J]．管理世界，2009(2)：67-74．

[18] 黄潇潇，张宝山，张媛，麻雨婷．元刻板印象对随迁儿童攻击行为的效应及挫折感的中介作用[J/OL]．心理学报：1-13[2019-2-28]．

[19] 蒋波．小学生竞争—合作学习与社会性发展关系的实验研究[D]．南京：南京师范大学，2003．

[20] 李斌，岑延远．大学生竞争意识与父母养育方式相关研究[J]．中国临床心理学杂志，2008(2)：192-194．

[21] 李丹，崔丽莹，岑国桢，周嘉，陈欣银．6~8岁儿童同伴互动及与父亲教养方式的关系[J]．心理科学，2004(4)：803-806．

[22] 李洪玉，阴国恩．中小学生学业成就与非智力因素的相关研究[J]．心理科学，1997(5)：423-427．

[23] 李强，臧文斌．父母外出对留守儿童健康的影响[J]．经济学(季刊)，2011，10(1)：341-360．

[24] 李晓东. 关于目标结构对6~9岁儿童合作与竞争行为影响的实验研究[J]. 心理科学, 1991(02): 35-39.

[25] 李晓敏, 袁婧, 高文斌, 罗静, 杜玉凤. 留守儿童成年以后情绪、行为、人际关系研究[J]. 中国健康心理学杂志, 2010, 18(1): 92-94.

[26] 李云森. 自选择、父母外出与留守儿童学习表现——基于不发达地区调查的实证研究[J]. 经济学(季刊), 2013, 12(3): 1027-1050.

[27] 刘玉兰. 生命历程视角下童年期迁移经历与成年早期生活机会研究[J]. 人口研究, 2013, 37(2): 93-101.

[28] 刘志军. 留守儿童的定义检讨与规模估算[J]. 广西民族大学学报(哲学社会科学版), 2008(3): 49-55.

[29] 罗静, 王薇, 高文斌. 中国留守儿童研究述评[J]. 心理科学进展, 2009, 17(5): 990-995.

[30] 罗俊. 社会生态因素决定个体竞争偏好[N]. 中国社会科学报, 2013-08-26(A8).

[31] 罗俊. 田野实验——现实世界中的经济学实验[J]. 南方经济, 2014(6): 87-92.

[32] 孟育群. 少年亲子关系诊断与调适的实验研究[J]. 教育研究, 1997(11): 68-74.

[33] 潘璐, 叶敬忠. 农村留守儿童研究综述[J]. 中国农业大学学报(社会科学版), 2009, 26(2): 5-17.

[34] 全国妇联课题组. 全国农村留守儿童城乡流动儿童状况研究报告[J]. 中国妇运, 2013(6): 30-34.

[35] 谭深. 中国农村留守儿童研究述评[J]. 中国社会科学, 2011(1): 138-150.

[36] 陶然, 周敏慧. 父母外出务工与农村留守儿童学习成绩——基于安徽、江西两省调查实证分析的新发现与政策含义[J]. 管理世界, 2012(8): 68-77.

[37]仝雪莉.留守儿童抗逆力生成研究[D].南京:南京大学,2016.

[38]王才康,胡中锋,刘勇.一般自我效能感量表的信度和效度研究[J].应用心理学,2001(1):37-40.

[39]王秋香,欧阳晨.论父母监护缺位与农村留守儿童权益保障问题[J].学术论坛,2006(10):137-140.

[40]吴愈晓,王鹏,杜思佳.变迁中的中国家庭结构与青少年发展[J].中国社会科学,2018(2):98-120.

[41]谢芳.家校合作,于"微"处暖娃心——谈农村小学留守儿童抗挫折教育[J].中小学心理健康教育,2019(1):58-59.

[42]杨新华,朱翠英,杨青松,等.农村留守儿童希望感特点及其与心理行为问题的关系[J].中国临床心理学杂志,2013,21(3):505-507.

[43]伊特韦尔,陈岱孙.新帕尔格雷夫经济学大词典[Z].北京:经济科学出版社,1992:577.

[44]张利洪,刘洲.刍议"留守儿童"与"流动儿童"[J].成都大学学报(社会科学版),2006(4):122-124.

[45]张利萍.不同条件下儿童能力判断的发展研究[D].济南:山东师范大学,2005.

[46]张莉,申继亮,黄瑞铭,罗曼楠.不同留守时间下儿童公正感的特点及其与主观幸福感的关系[J].心理发展与教育,2011,27(5):484-490.

[47]张仕超.母亲教养与初中生成功和失败后反应的关系自我知觉的认知能力的中介作用[D].济南:山东师范大学,2012.

[48]张亦欣,刘志军.处境不利儿童抗挫折能力的提升策略[J].当代教育理论与实践,2016,8(11):139-141.

[49]赵景欣,王美芳.批评/表扬与儿童反应模式的关系[J].心理科学进展,2003(6):663-667.

[50]赵苗苗.贫困农村地区留守儿童与非留守儿童健康差异及影响因素研究[D].济南:山东大学,2012.

[51] 赵娜. 父亲角色对儿童发展的影响[D]. 长春：东北师范大学，2007.

[52] 中国发展研究基金会. 中国儿童发展报告2017：反贫困与儿童早期发展[R]. 北京：中国发展出版社，2017

[53] 中国青少年研究中心. "留守儿童"研究概况[R]. 北京：中国青少年研究中心，2014.

[54] 钟粤俊，董志强. 意志的力量——青少年时期意志力对成年收入的影响[J]. 产业经济评论，2017(2)：23-38.

[55] 周晨旭. 归因风格对农村留守初中生应对方式的影响及干预研究[D]. 昆明：云南师范大学，2014.

[56] 周文霞，郭桂萍. 自我效能感：概念、理论和应用[J]. 中国人民大学学报，2006(1)：91-97.

[57] 周业安. 行为经济学是对西方主流经济学的革命吗[J]. 中国人民大学学报，2004(2)：32-38.

[58] 周业安. 实验经济学[J]. 中国经济学年鉴2014. 中国社会科学出版社，2015.

[59] 朱启飞. 农村留守儿童教育问题研究[D]. 重庆：西南大学，2018.

[60] 段成荣，赖妙华，秦敏. 21世纪以来我国农村留守儿童变动趋势研究[J]. 中国青年研究，2017(06)：52-60.

[61] 高玉娟，白钰，马跃，史耀疆. 正负效应的先来后到：父母外出对留守儿童学业表现的影响研究[J]. 劳动经济研究，2018，6(03)：97-113.

[62] 罗仁福，王天仪，张林秀，白云丽. 从脱贫到贫困预防——基于贫困代际传递和儿童早期发展视角[J]. 科技促进发展，2017，13(06)：426-433.

[63] 闵文斌，茹彤，史耀疆. 幼年贫困经历对农村青少年非认知能力的影响——基于生命历程理论的视角[J]. 当代教育论坛，2019(05)：90-98.

[64] 秦金亮. 竞争与合作经验对儿童利他行为影响的实验研究[A]. 中国心理学会. 全国第七届心理学学术会议文摘选集[C]. 中国心理学会：中国

心理学会, 1993: 2.

[65] 史耀疆, 张林秀, 常芳, 刘涵, 唐彬, 高秋风, 关宏宇, 聂景春, 杨洁, 白钰, 李英, 汤蕾, 岳爱, 茹彤. 教育精准扶贫中随机干预实验的中国实践与经验[J]. 华东师范大学学报(教育科学版), 2020, 38(08): 1-67.

[66] 王天仪, 罗仁福, 张林秀, 刘承芳, 孙威. 贫困农村家庭养育质量与儿童早期发展[J]. 学前教育研究, 2018(07): 13-25.

[67] 王妍, 白钰, 刘承芳, 史耀疆. 父母返乡对留守儿童学业表现的影响——基于西北贫困农村130所学校的研究[J]. 劳动经济研究, 2019, 7(01): 78-98.

[68] Acock A C, Demo D H. Family Diversity and Well-being[M]. New York, 1994.

[69] Akerlof G A, Yellen J L. The fair wage-effort hypothesis and unemployment[J]. The Quarterly Journal of Economics, 1990, 105(2): 255-283.

[70] Akerlof G A. Gift exchange and efficiency-wage theory: Four views[J]. The American Economic Review, 1984, 74(2): 79-83.

[71] Akerlof G A. Labor contracts as partial gift exchange[J]. The Quarterly Journal of Economics, 1982, 97(4): 543-569.

[72] Akerlof G A., Yellen J L. Efficiency wage models of the labor market[M]. Cambridge University Press, 1986.

[73] Alexander W P. Intelligence, concrete and abstract[J]. British Journal of Psychology, 1935.

[74] Almås I, Cappelen A W, Salvanes K G, et al. Willingness to compete: Family matters[J]. Management Science, 2015, 62(8): 2149-2162.

[75] Amato P R, Booth A. A generation at risk[M]. Harvard University Press, 2009.

[76] Amato P R, Booth A. Consequences of parental divorce and marital

unhappiness for adult well-being[J]. Social Forces, 1991, 69(3): 895-914.

[77] Amato P R, Keith B. Separation from a parent during childhood and adult socioeconomic attainment[J]. Social Forces, 1991, 70(1): 187-206.

[78] Amato P R, Loomis L S, Booth A. Parental divorce, marital conflict, and offspring well-being during early adulthood[J]. Social Forces, 1995, 73(3): 895-915.

[79] Andersen S, Ertac S, Gneezy U, et al. Gender, competitiveness, and socialization at a young age: Evidence from a matrilineal and a patriarchal society[J]. Review of Economics and Statistics, 2013, 95(4): 1438-1443.

[80] Angrist J D, Krueger A B. Instrumental variables and the search for identification: From supply and demand to natural experiments[J]. Journal of Economic perspectives, 2001, 15(4): 69-85.

[81] Apicella C L, Demiral E E, Mollerstrom J. No gender difference in willingness to compete when competing against self[J]. American Economic Review, 2017, 107(5): 136-40.

[82] Apicella C L, Dreber A, Gray P B, et al. Androgens and competitiveness in men[J]. Journal of Neuroscience, Psychology, and Economics, 2011, 4(1): 54.

[83] Apicella C L, Dreber A, Mollerstrom J. Salivary testosterone change following monetary wins and losses predicts future financial risk-taking [J]. Psychoneuroendocrinology, 2014, 39: 58-64.

[84] Arline Lewis-Beck J. Locus of control, task expectancies, and children's performance following failure [J]. The Journal of Educational Research, 1978, 71(4): 207-210.

[85] Astone N M, McLanahan S S. Family structure, parental practices and high school completion[J]. American Sociological Review, 1991: 309-320.

[86] Ausch L. Gender comparisons of young children's social interaction in

cooperative play activity[J]. Sex Roles, 1994, 31(3-4): 225-239.

[87] Azmat G, Iriberri N. The importance of relative performance feedback information: Evidence from a natural experiment using high school students [J]. Journal of Public Economics, 2010, 94(7-8): 435-452.

[88] Azrin N H, Lindsley O R. The reinforcement of cooperation between children [J]. The Journal of Abnormal and Social Psychology, 1956, 52(1): 100.

[89] Balafoutas L, Kerschbamer R, Sutter M. Distributional preferences and competitive behavior [J]. Journal of Economic Behavior & Organization, 2012, 83(1): 125-135.

[90] Balafoutas L, Sutter M. Gender, competition and the efficiency of policy interventions[J]. IZA Discussion Papers, 2010.

[91] Barnett M A, Bryan J H. Effects of competition with outcome feedback on children's helping behavior[J]. Developmental Psychology, 1974, 10(6): 838.

[92] Barnett W S, Masse L N. A benefit-cost analysis of the Abecedarian Early Childhood Intervention[J]. National Institute for Early Education Research, 2002.

[93] Bartling B, Fehr E, Maréchal M A, et al. Egalitarianism and competitiveness [J]. American Economic Review, 2009, 99(2): 93-98.

[94] Bartling B, Von Siemens F A. The intensity of incentives in firms and markets: Moral hazard with envious agents[J]. Labour Economics, 2010, 17 (3): 598-607.

[95] Battistella G, Conaco M C G. The impact of labour migration on the children left behind: a study of elementary school children in the Philippines[J]. SOJOURN: Journal of Social Issues in Southeast Asia, 1998: 220-241.

[96] Baumrind D. New directions in socialization research [J]. American Psychologist, 1980, 35(7): 639.

[97] Baumrind D. Parental disciplinary patterns and social competence in children [J]. Youth & Society, 1978, 9(3): 239-267.

[98] Becker A, Deckers T, Dohmen T, et al. The relationship between economic preferences and psychological personality measures[J]. Annu. Rev. Econ., 2012, 4(1): 453-478.

[99] Becker G S, Tomes N. Human capital and the rise and fall of families[J]. Journal of Labor Economics, 1986, 4(3, Part 2): S1-S39.

[100] Becker G S. A Treatise on the Family[M]. Harvard University Press, 1991.

[101] Becker G S. Human capital: A theoretical and empirical analysis, with special reference to education[M]. University of Chicago Press, 1975.

[102] Belfield C R, Nores M, Barnett S, et al. The high/scope perry preschool program cost-benefit analysis using data from the age-40 follow-up [J]. Journal of Human Resources, 2006, 41(1): 162-190.

[103] Berg N. Behavioral labor economics [J]. Handbook of Contemporary Behavioral Economics, 2006: 457.

[104] Berger J, Pope D. Can losing lead to winning? [J]. Management Science, 2011, 57(5): 817-827.

[105] Berkowitz, L. Frustration-aggression hypothesis: Examination and reformulation[J]. Psychological Bulletin, 1989, 106(1): 59-73.

[106] Biblarz T J, Raftery A E. Family structure, educational attainment, and socioeconomic success: Rethinking the "pathology of matriarchy" [J]. American Journal of Sociology, 1999, 105(2): 321-365.

[107] Biblarz T J, Raftery A E. The effects of family disruption on social mobility [J]. American Sociological Review, 1993: 97-109.

[108] Boggiano A K, Barrett M. Performance and motivational deficits of helplessness: The role of motivational orientations[J]. Journal of Personality and Social Psychology, 1985, 49(6): 1753.

[109] Booth A L, Fan E, Meng X, et al. Gender differences in willingness to compete: The role of culture and institutions[J]. ECON Papers, 2016.

[110] Booth A, Nolen P. Choosing to compete: How different are girls and boys? [J]. Journal of Economic Behavior & Organization, 2012, 81(2): 542-555.

[111] Borghans L, Duckworth A L, Heckman J J, et al. The economics and psychology of personality traits[J]. Journal of human Resources, 2008, 43(4): 972-1059.

[112] Bowles S, Gintis H. Schooling in Capitalist America: Educational Reform and the Contradiction of Economic Life[J]. Journal of Economic History, 1977.

[113] Bronfenbrenner U. Contexts of child rearing: Problems and prospects[J]. American Psychologist, 1979, 34(10): 844.

[114] Brown S P, Cron W L, Slocum Jr J W. Effects of trait competitiveness and perceived intraorganizational competition on salesperson goal setting and performance[J]. The Journal of Marketing, 1998: 88-98.

[115] Bull C, Schotter A, Weigelt K. Tournaments and piece rates: An experimental study[J]. Journal of political Economy, 1987, 95(1): 1-33.

[116] Buser T, Niederle M, Oosterbeek H. Gender, competitiveness, and career choices[J]. The Quarterly Journal of Economics, 2014, 129(3): 1409-1447.

[117] Buser T, Dreber A. The flipside ofcomparative payment schemes [J]. Management Science, 2015, 62(9): 2626-2638.

[118] Buser T. The impact of female sex hormones on competitiveness [R]. Tinbergen Institute Discussion Paper, 2009.

[119] Buser T. The impact of losing in a competition on the willingness to seek further challenges[J]. Management Science, 2016, 62(12): 3439-3449.

[120] Buser T, Peter N, Wolter S C. Gender, competitiveness, and study choices

in high school: Evidence from Switzerland[J]. American Economic Review, 2017, 107(5): 125-30.

[121] Cadsby C B, Song F, Tapon F. Are you paying your employees to cheat? An experimental investigation [J]. The BE Journal of Economic Analysis & Policy, 2010, 10(1).

[122] Cadsby C B, Song F, Tapon F. Sorting and incentive effects of pay for performance: An experimental investigation [J]. Academy of Management Journal, 2007, 50(2): 387-405.

[123] Cadsby C B, Song F, Yang X. Are "left-behind" children really left behind? A lab-in-field experiment concerning the impact of rural/urban status and parental migration on children's other-regarding preferences[J]. Journal of Economic Behavior & Organization, 2019.

[124] Cameron L, Meng X, Zhang D. China's Sex Ratio and Crime: Behavioural Change or Financial Necessity? [J]. The Economic Journal, 2017, 129 (618): 790-820.

[125] Cárdenas J C, Dreber A, Von Essen E, et al. Gender differences in competitiveness and risk taking: Comparing children in Colombia and Sweden[J]. Journal of Economic Behavior & Organization, 2012, 83(1): 11-23.

[126] Camerer C, Babcock L, Loewenstein G, et al. Labor supply of New York City cabdrivers: One day at a time[J]. The Quarterly Journal of Economics, 1997, 112(2): 407-441.

[127] Carneiro P M, Heckman J. Human capital policy[M]. MIT Press, 2003.

[128] Carpenter J, Frank R, Huet-Vaughn E. Gender differences in interpersonal and intrapersonal competitive behavior [J]. Journal of Behavioral and Experimental Economics, 2018, 77: 170-176.

[129] Carpenter J, Matthews P H, Schirm J. Tournaments and office politics:

Evidence from a real effort experiment[J]. American Economic Review, 2010, 100(1): 504-17.

[130] Cason T N, Masters W A, Sheremeta R M. Entry into winner-take-all and proportional-prize contests: An experimental study[J]. Journal of Public Economics, 2010, 94(9-10): 604-611.

[131] Cawley J, Heckman J, Vytlacil E. Three observations on wages and measured cognitive ability[J]. Labour Economics, 2001, 8(4): 419-442.

[132] Charness G, Kuhn P. Lab labor: What can labor economists learn from the lab? [M]//Handbook of Labor Economics. Elsevier, 2011, 4: 229-330.

[133] Charness G, Masclet D, Villeval M C. The dark side of competition for status[J]. Management Science, 2013, 60(1): 38-55.

[134] Chen D L, Schonger M, Wickens C. oTree—An open-source platform for laboratory, online, and field experiments[J]. Journal of Behavioral and Experimental Finance, 2016, 9: 88-97.

[135] Chen D L. Markets and morality: How does competition affect moral judgment[R]. Working Paper, Duke University School of Law, 2010.

[136] Chen Z C, Ong D, Sheremeta R M. The gender difference in the value of winning[J]. Economics Letters, 2015, 137: 226-229.

[137] Cherlin A J, Furstenberg F F, Chase-Lansdale L, et al. Longitudinal studies of effects of divorce on children in Great Britain and the United States [J]. Science, 1991, 252(5011): 1386-1389.

[138] Cohn A, Fehr E, Herrmann B, et al. Social comparison and effort provision: Evidence from a field experiment[J]. Journal of the European Economic Association, 2014, 12(4): 877-898.

[139] Conrads J, Irlenbusch B, Rilke R M, etal. Honesty in tournaments[J]. Economics Letters, 2014, 123(1): 90-93.

[140] Crosby F J. Spouse, parent, worker: On gender and multiple roles[M].

Yale University Press, 1987.

[141] Cunha F, Heckman J J, Navarro S. Counterfactual analysis of inequality andsocial mobility[J]. Mobility and inequality: Frontiers of Research in Sociology and Economics, 2006: 290-348.

[142] Dargnies M. Social Identity and Competitiveness[J]. SSRN Working Paper, 2011.

[143] Darwin C. On the origin of species[M]. Routledge, 1859.

[144] Datta Gupta N, Poulsen A, Villeval M C. Gender matching and competitiveness: Experimental evidence[J]. Economic Inquiry, 2013, 51(1): 816-835.

[145] DaVanzo J, Rahman M O. American families: Trends and correlates[J]. Population Index, 1993: 350-386.

[146] De Haan A, Rogaly B. Introduction: Migrant workers and their role in rural change[J]. Journal of Development Studies, 2002, 38(5): 1-14.

[147] Deutsch M. A theory of co-operation and competition[J]. Human relations, 1949, 2(2): 129-152.

[148] Devlin B, Fienberg S E, Resnick D P et al. Intelligence, Genes, and Success: Scientists Respond to The Bell Curve[M]. Springer Science & Business Media, 2013.

[149] Dohmen T, Falk A. Performance pay and multidimensional sorting: Productivity, preferences, and gender[J]. American Economic Review, 2011, 101(2): 556-90.

[150] Dohmen T. Behavioral labor economics: Advances and future directions[J]. Labour Economics, 2014, 30: 71-85.

[151] Domino G. Cooperation and competition in Chinese and American children[J]. Journal of Cross-Cultural Psychology, 1992, 23(4): 456-467.

[152] Dreber A, Von Essen E, Ranehill E. Outrunning the gender gap—boys and

girls compete equally[J]. Experimental Economics, 2011, 14(4): 567-582.

[153] Du Y, Park A, Wang S. Migration and rural poverty in China[J]. Journal of Comparative Economics, 2005, 33(4): 688-709.

[154] Duncan B, Duncan O D. Family stability and occupational success[J]. Social Problems, 1969, 16(3): 273-285.

[155] Dweck C S, Davidson W, Nelson S, et al. Sex differences in learned helplessness: II. The contingencies of evaluative feedback in the classroom and III. An experimental analysis[J]. Developmental Psychology, 1978, 14(3): 268.

[156] Dweck C S, Leggett E L. A social-cognitive approach to motivation and personality[J]. Psychological Review, 1988, 95(2): 256.

[157] Elliot A J, Church M A. A hierarchical model of Approach and Avoidance Achievement Motivation[J]. Journal of Personality and Social Psychology, 1997, 72(1): 218.

[158] Emlen S T. The Evolutionary Study of HumanFamily Systems[J]. Social Science Information Sur Les Sciences Sociales, 1997, 36: 563-589.

[159] Eriksson T, Poulsen A, Villeval M C. Feedback and incentives: Experimental evidence[J]. Labour Economics, 2009a, 16(6): 679-688.

[160] Eriksson T, Teyssier S, Villeval M C. Self-selection and the efficiency of tournaments[J]. Economic Inquiry, 2009b, 47(3): 530-548.

[161] Falk A, Fehr E, Huffman D. The power and limits of tournament incentives[J]. Work in Progress, 2008.

[162] Fershtman C, Gneezy U. The tradeoff between performance and quitting in high power tournaments[J]. Journal of the European Economic Association, 2011, 9(2): 318-336.

[163] Festinger L. A theory of social comparison processes[J]. Human Relations,

1954, 7(2): 117-140.

[164] Filer R K. The Influence of Affective Human Capital on the Wage Equation [J]. Research in Labor Economics, 1981, 367-416.

[165] Fleischman H L, Hopstock P J, Pelczar M P, et al. Highlights from PISA 2009: Performance of US 15-Year-Old Students in Reading, Mathematics, and Science Literacy in an International Context. NCES 2011-004 [J]. National Center for Education Statistics, 2010.

[166] Francesconi M, Heckman J J. Child development and parental investment: Introduction[J]. The Economic Journal, 2016, 126(596).

[167] Frank RH, Hutchens R M. Wages, seniority, and the demand for rising consumption profiles[J]. Journal of Economic Behavior & Organization, 1993, 21(3): 251-276.

[168] Frank R H. Positional externalities cause large and preventable welfare losses[J]. American Economic Review, 2005, 95(2): 137-141.

[169] Freeman R B, Gelber A M. Prize structure and information in tournaments: Experimental evidence [J]. American Economic Journal: Applied Economics, 2010, 2(1): 149-64.

[170] Fullerton R, Linster B G, McKee M, et al. An experimental investigation of research tournaments[J]. Economic Inquiry, 1999, 37(4): 624-636.

[171] Gill D, Prowse V. A structural analysis of disappointment aversion in a real effort competition[J]. American Economic Review, 2012, 102(1): 469-503.

[172] Gill D, Prowse V. Gender differences and dynamics in competition: The role of luck[J]. Quantitative Economics, 2014, 5(2): 351-376.

[173] Glenn N D, Kramer K B. The marriages and divorces of the children of divorce[J]. Journal of Marriage and the Family, 1987: 811-825.

[174] Gneezy U, Leonard K L, List J A. Gender differences in competition:

Evidence from a matrilineal and a patriarchal society[J]. Econometrica, 2009, 77(5): 1637-1664.

[175] Gneezy U, Niederle M, Rustichini A. Performance in competitive environments: Gender differences[J]. The Quarterly Journal of Economics, 2003, 118(3): 1049-1074.

[176] Gneezy U, Rustichini A. Gender and competition at a young age[J]. American Economic Review, 2004, 94(2): 377-381.

[177] Goltsman M, Mukherjee A. Interim performance feedback in multistage tournaments: The optimality of partial disclosure[J]. Journal of Labor Economics, 2011, 29(2): 229-265.

[178] Greenberg P J. Competition in children: An experimental study[J]. The American Journal of Psychology, 1932, 44(2): 221-248.

[179] Gregan-Paxton J, John D R. Are young children adaptive decision makers? A study of age differences in information search behavior[J]. Journal of Consumer Research, 1995, 21(4): 567-580.

[180] Gürtler O, Harbring C. Feedback in tournaments under commitment problems: Experimental evidence[J]. Journal of Economics & Management Strategy, 2010, 19(3): 771-810.

[181] Gürtler O, Münster J, Nieken P. Information policy in tournaments with sabotage[J]. The Scandinavian Journal of Economics, 2013, 115(3): 932-966.

[182] Hamermesh D S. Interdependence in the labour market[J]. Economica, 1975, 42(168): 420-429.

[183] Hanson G H, Woodruff C. Emigration and educational attainment in Mexico[R]. Mimeo: University of California at San Diego, 2003.

[184] Harbaugh W T, Krause K, Vesterlund L. Learning to bargain[J]. Journal of Economic Psychology, 2007, 28(1): 127-142.

参考文献

[185] Harbring C, Irlenbusch B. An experimental study on tournament design[J]. Labour Economics, 2003, 10(4): 443-464.

[186] Harbring C, Irlenbusch B. Incentives in tournaments with endogenous prize selection[J]. Journal of Institutional and Theoretical Economics JITE, 2005, 161(4): 636-663.

[187] Harbring C, Irlenbusch B. Sabotage in tournaments: Evidence from a laboratory experiment[J]. Management Science, 2011, 57(4): 611-627.

[188] Harrison G W, List J A. Field experiments [J]. Journal of Economic literature, 2004, 42(4): 1009-1055.

[189] Harvard Business Review. HBR Guide to Delivering Effective Feedback[J]. Harvard Business Review Press, 2016.

[190] Healy A, Pate J. Can teams help to close the gender competition gap? [J]. The Economic Journal, 2011, 121(555): 1192-1204.

[191] Heckman J J, Kautz T. Hard evidence on soft skills[J]. Labour Economics, 2012, 19(4): 451-464.

[192] Heckman J J, Lochner L. Rethinking education and training policy: Understanding the sources of skill formation in a modern economy [J]. Securing the Future: Investing in Children from Birth to College, 2000: 47-83.

[193] Heckman J J, Masterov D V. The productivity argument for investing in young children[J]. Applied Economic Perspectives and Policy, 2007, 29(3): 446-493.

[194] Heckman J J, Moon S H, Pinto R, et al. The rate of return to the High Scope Perry Preschool Program[J]. Journal of Public Economics, 2010, 94(1-2): 114-128.

[195] Heckman J J, Rubinstein Y. The importance of noncognitive skills: Lessons from the GED testing program[J]. American Economic Review, 2001, 91

(2): 145-149.

[196] Heckman J J, Stixrud J, Urzua S. The effects of cognitive and noncognitive abilities on labor market outcomes and social behavior[J]. Journal of Labor Economics, 2006, 24(3): 411-482.

[197] Heckman J J. Doing it right: job training and education[J]. Public Interest, 1999 (135): 86-88.

[198] Heckman J J. Giving kids a fair chance[M]. MIT Press, 2013.

[199] Heckman J J. Policies to foster human capital[J]. Research in Economics, 2000, 54(1): 3-56.

[200] Heckman J J. Skill formation and the economics of investing in disadvantaged children[J]. Science, 2006, 312(5782): 1900-1902.

[201] Heckman J, Carneiro P. Human capital policy[R]. National Bureau of Economic Research, 2003.

[202] Heckman J, Pinto R, Savelyev P. Understanding the mechanisms through which an influential early childhood program boosted adult outcomes[J]. American Economic Review, 2013, 103(6): 2052-86.

[203] Heine S J, Kitayama S, Lehman D R, et al. Divergent consequences of success and failure in Japan and North America: An investigation of self-improving motivations and malleable selves[J]. Journal of Personality and Social Psychology, 2001, 81(4): 599.

[204] Heineck G, Anger S. The returns to cognitive abilities and personality traits in Germany[J]. Labour Economics, 2010, 17(3): 535-546.

[205] Henrich J, Boyd R, Bowles S, et al. In search of homo economicus: behavioral experiments in 15 small-scale societies[J]. American Economic Review, 2001, 91(2): 73-78.

[206] Herrnstein R J, Murray C. The bell curve: Intelligence and class structure in American life[M]. Free Press, New York, 1994.

[207] Hetherington E M, Cox M, Cox R. The aftermath of divorce[J]. Mother-child, Father-child Relations, 1978, 149.

[208] Hojecki K A. The Effect of Competitiveness on Person Perception: An Experimental Study [J]. Organizational Behavior & Human Decision Processes, 2014.

[209] Isen A M, Geva N. The influence of positive affect on acceptable level of risk: The person with a large canoe has a large worry[J]. Organizational Behavior and Human Decision Processes, 1987, 39(2): 145-154.

[210] Jampaklay A. Parental absence and children's school enrolment: Evidence from a longitudinal study in Kanchanaburi, Thailand[J]. Asian Population Studies, 2006, 2(1): 93-110.

[211] Jencks C. Who Gets Ahead? The Determinants of Economic Success in America[J]. American Jaurnal of Education, 1979.

[212] John D R. Consumer socialization of children: A retrospective look at twenty-five years of research[J]. Journal of Consumer Research, 1999, 26(3): 183-213.

[213] John J P. Gender differences and the effect of facing harder competition[J]. Journal of Economic Behavior & Organization, 2017, 143: 201-222.

[214] Johnson D W, Johnson R T. Learning together and alone: Cooperative, competitive, and individualistic learning[M]. Prentice-Hall, Inc, 1987.

[215] Kagan S, Madsen M C. Cooperation and competition of Mexican, Mexican-American, and Anglo-American children of two ages under four instructional sets[J]. Developmental Psychology, 1971, 5(1): 32.

[216] Kandel E R. The molecular biology of memory storage: a dialogue between genes and synapses[J]. Science, 2001, 294(5544): 1030-1038.

[217] Kaufman B E. Expanding the behavioral foundations of labor economics[J]. Industrial and Labor Relations Review, 1999: 361-392.

[218] Khachatryan K. Gender differences in preferences at a young age? Experimental evidence from Armenia[J]. Stockholm School of Economics, 2012.

[219] Klinowski D. Gender and the Willingness to Compete against Own Past Performance[M]. University of Oxford: Oxford, UK, 2017.

[220] Klueger A, DeNisi A. Effects of feedback intervention on performance: A historical review, a meta-analysis, and a preliminary feedback intervention theory[J]. Psychological Bulletin, 1996, 119(2): 254-284.

[221] Kohn M L. On the transmission of values in the family: A preliminary formulation[J]. Research in Sociology of Education and Socialization, 1983, 4(1): 1-12.

[222] Kohn M. Class and conformity: A study in values[M]. University of Chicago Press, 1989.

[223] Kuhnen C M, Tymula A. Feedback, self-esteem, and performance in organizations[J]. Management Science, 2012, 58(1): 94-113.

[224] Lamb, M. E. The role of the father in child development[M]. John Wiley & Sons, 2004.

[225] Larkin I, Leider S. Incentive schemes, sorting, and behavioral biases of employees: Experimental evidence [J]. American Economic Journal: Microeconomics, 2012, 4(2): 184-214.

[226] Lazear E P, Rosen S. Rank-order tournaments as optimum labor contracts [J]. Journal of Political Economy, 1981, 89(5): 841-864.

[227] Lazear E P. Performance pay and productivity[J]. American Economic Review, 2000, 90(5): 1346-1361.

[228] Leibbrandt A, Gneezy U, List J A. Rise and fall of competitiveness in individualistic and collectivistic societies[J]. Proceedings of the National Academy of Sciences, 2013, 110(23): 9305-9308.

[229] Levitt S D, List J A. Field experiments in economics: The past, the present, and the future[J]. European Economic Review, 2009, 53(1): 1-18.

[230] List J A, Rasul I. Field experiments in labor economics[M]//Handbook of Labor Economics. Elsevier, 2011, 4: 103-228.

[231] List J A. An introduction to field experiments in economics[J]. Journal of Economic Behavior & Organization, 2009, 70(3): 439-442.

[232] Lu Y, Treiman D J. The effect of labor migration and remittances on children's education among blacks in South Africa [J]. UCLA CCPR Population Working Paper, 2007.

[233] Lugovskyy V, Puzzello D, Tucker S. An experimental investigation of overdissipation in the all pay auction [J]. European Economic Review, 2010, 54(8): 974-997.

[234] Madsen M C, Shapira A. Cooperative and competitive behavior of urban Afro-American, Anglo-American, Mexican-American, and Mexican village children[J]. Developmental Psychology, 1970, 3(1): 16.

[235] Mayer S E. What money can't buy: Family income and children's life chances[M]. Harvard University Press, 1997.

[236] McGee A, McGee P. Search, effort, and locus of control[J]. Journal of Economic Behavior & Organization, 2016, 126: 89-101.

[237] McGregor H A, Elliot A J. The shame of failure: Examining the link between fear of failure and shame[J]. Personality and Social Psychology Bulletin, 2005, 31(2): 218-231.

[238] McLanahan S, Sandefur G. Growing up with a single parent: What hurts, what helps[M]. Harvard University Press, 2009.

[239] McLanahan S. Family structure and the reproduction of poverty [J]. American Journal of Sociology, 1985, 90(4): 873-901.

[240] Meyer D R, Garasky S. Custodial fathers: Myths, realities, and child support policy[J]. Journal of Marriage and the Family, 1993: 73-89.

[241] Miller A G, Thomas R. Cooperation and competition among Blackfoot Indian and urban Canadian children[J]. Child Development, 1972: 1104-1110.

[242] Mincer J. Schooling, Experience, and Earnings[J]. Human Behavior & Social Institutions, 1974, No. 2.

[243] Mithaug D E, Burgess R L. The effects of different reinforcement contingencies in the development of social cooperation[J]. Journal of Experimental Child Psychology, 1968, 6(3): 402-426.

[244] Mithaug D E. The development of cooperation in alternative task situations [J]. Journal of Experimental Child Psychology, 1969, 8(3): 443-460.

[245] Mueller C W, Pope H. Marital instability: A study of its transmission between generations[J]. Journal of Marriage and the Family, 1977: 83-93.

[246] Müller W, Schotter A. Workaholics and drop outs in optimal organizations [M]. Tilburg University, 2003.

[247] Myers G J, Davidson P W, Cox C, et al. Prenatal methylmercury exposurefrom ocean fish consumption in the Seychelles child development study[J]. The Lancet, 2003, 361(9370): 1686-1692.

[248] Nelson C A, Fox N A, Zeanah C H. Anguish of the abandoned child[J]. Scientific American, 2013, 308(4): 62-67.

[249] Neumark D, Postlewaite A. Relative income concerns and the rise in married women's employment[J]. Journal of Public Economics, 1998, 70: 157-183.

[250] Nguyen L, Toyota M, Yeoh B. Report on Impacts of Migration and the Left-behind in Asia [C]//International Workshop co-organised by Asian MetaCentre for Population and Sustainable Development Analysis, and Institute for Social Development Studies, Vietnam 2005.

[251] Nguyen L, Yeoh B S A, Toyota M. Migration and the well-being of the 'left behind' in Asia: Key themes and trends[J]. Asian Population Studies, 2006, 2(1): 37-44.

[252] Niederle M, Vesterlund L. Do women shy away from competition? Do men compete too much? [J]. The Quarterly Journal of Economics, 2007, 122(3): 1067-1101.

[253] Niederle M, Vesterlund L. Gender and competition[J]. Annu. Rev. Econ., 2011, 3(1): 601-630.

[254] Niederle M, Yestrumskas A H. Gender differences in seeking challenges: The role of institutions[R]. National Bureau of Economic Research, 2008.

[255] Nock S L. The family and hierarchy[J]. Journal of Marriage and the Family, 1988: 957-966.

[256] Olson J M, Herman C P, Zanna M P. Relative deprivation and social comparison: The Ontario symposium[M]. Psychology Press, 2014.

[257] Parcel T L, Menaghan E G. Parents' jobs and children's lives[M]. Transaction Publishers, 1994.

[258] Pollak R A. Interdependent preferences[J]. The American Economic Review, 1976: 309-320.

[259] Powell M A, Parcel T L. Effects of family structure on the earnings attainment process: Differences by gender[J]. Journal of Marriage and the Family, 1997: 419-433.

[260] Price C R. Gender, competition, and managerial decisions[J]. Management Science, 2012, 58(1): 114-122.

[261] Reuben E, Sapienza P, Zingales L. Taste for competition and the gender gap among young business professionals[R]. National Bureau of Economic Research, 2015.

[262] Rigdon M L, D'Esterre A P. The effects of competition on the nature of

cheating behavior[J]. Southern Economic Journal, 2015, 81(4): 1012-1024.

[263] Rogaly B, Coppard D, Safique A, et al. Seasonal migration and welfare/illfare in eastern India: a social analysis [J]. Journal of Development Studies, 2002, 38(5): 89-114.

[264] Rozelle S, Guo L, Shen M, et al. Leaving China's farms: survey results of new paths and remaining hurdles to rural migration [J]. The China Quarterly, 1999, 158: 367-393.

[265] Ruble D N, Frey K S. Changing patterns of comparative behavior as skills are acquired: A functional model of self-evaluation [M]// Social comparison: Contemporary theory and research, Hillsdale, NJ, US: Lawrence Erlbaum Associates, c1991: 79-113.

[266] Runkel P J, McGrath J E. Research on human behavior: A systematic guide to method[M]. Holt, Rinehart & Winston of Canada Ltd, 1972.

[267] Ryckman D B, Peckham P. Gender differences in attributions for success and failure situations across/subject areas[J]. The Journal of Educational Research, 1987, 81(2): 120-125.

[268] Sapolsky R M. Why zebras don't get ulcers: The acclaimed guide to stress, stress-related diseases, and coping-now revised and updated [M]. Holt Paperbacks, 2004.

[269] Schmitt D P, Realo A, Voracek M, et al. Why can't a man be more like a woman? Sex differences in Big Five personality traits across 55 cultures[J]. Journal of Personality and Social Psychology, 2008, 94(1): 168.

[270] Schwieren C, Weichselbaumer D. Does competition enhance performance or cheating? A laboratory experiment [J]. Journal of Economic Psychology, 2010, 31(3): 241-253.

[271] Sheridan M A, Fox N A, Zeanah C H, et al. Variation in neural

development as a result of exposure to institutionalization early in childhood [J]. Proceedings of the National Academy of Sciences, 2012, 109(32): 12927-12932.

[272] Shu T M, Lam S. Are success and failure experiences equally motivational? An investigation of regulatory focus and feedback [J]. Learning and Individual Differences, 2011, 21(6): 724-727.

[273] Shurchkov O. Under pressure: gender differences in output quality and quantity under competition and time constraints[J]. Journal of the European Economic Association, 2012, 10(5): 1189-1213.

[274] Simons R L. Understanding differences between divorced and intact families: Stress, interaction, and child outcome [M]. Sage Publications, Inc, 1996.

[275] Smither J W, London M, Reilly R R. Does performance improve following multisource feedback? A theoretical model, meta-analysis, and review of empirical findings[J]. Personnel Psychology, 2005, 58(1): 33-66.

[276] Spence M. Market Signalling: The Informational Structure of Job Markets and Related Phenomena[M]. Harvard University, 1972.

[277] Sternberg R J. Beyond IQ: A triarchic theory of human intelligence[M]. CUP Archive, 1985.

[278] Stipek D J, Hoffman J M. Development of children's performance-related judgments[J]. Child Development, 1980: 912-914.

[279] Stipek D, Recchia S, McClintic S, et al. Self-evaluation in young children [J]. Monographs of the Society for Research in Child Development, 1992: i-95.

[280] Su S, Li X, Lin D, et al. Psychological adjustment among left-behind children in rural China: the role of parental migration and parent-child communication[J]. Child: Care, Health and Development, 2013, 39(2):

162-170.

[281] Sutter M, Glätzle-Rützler D. Gender differences in the willingness to compete emerge early in life and persist[J]. Management Science, 2014, 61(10): 2339-2354.

[282] Sutter M, Rützler D. Gender differences in competition emerge early in life [J]. Working Papers, 2010.

[283] Taylor C R. Digging for golden carrots: An analysis of research tournaments [J]. The American Economic Review, 1995: 872-890.

[284] Terman M L. Psychological approaches to the study of Genius[J]. Papers on Eugenics, 1947, 4: 3-20.

[285] Thomson E, Hanson T L, McLanahan S S. Family structure and child well-being: Economic resources vs. parental behaviors[J]. Social Forces, 1994, 73(1): 221-242.

[286] Thomson E, McLanahan S S, Curtin R B. Family structure, gender, and parental socialization[J]. Journal of Marriage and the Family, 1992: 368-378.

[287] Tough P. How children succeed: Grit, curiosity, and the hidden power of character[M]. Houghton Mifflin Harcourt, 2012.

[288] Trivers R. Parental investment and sexual selection [M]. Harvard University, 1972.

[289] Waller R A, Duncan D B. A Bayes rule for the symmetric multiple comparisons problem[J]. Journal of the American Statistical Association, 1969, 64(328): 1484-1503.

[290] Wechsler D. Wechsler intelligence scale for children[J]. Working Papers, 1949.

[291] Weiner B, Frieze I, Kukla A, et al. Perceiving the causes of success and failure[C]//Preparation of this paper grew out of a workshop on attribution

theory held at University of California, Los Angeles, Aug 1969. Lawrence Erlbaum Associates, Inc, 1987.

[292] Weinstein M, Thornton A. Mother-child relations and adolescent sexual attitudes and behavior[J]. Demography, 1989, 26(4): 563-577.

[293] Weisfeld C C, Weisfeld G E, Callaghan J W. Female inhibition in mixed-sex competition among young adolescents[J]. Ethology and Sociobiology, 1982, 3(1): 29-42.

[294] Weisfeld G E, Muczenski D M, Weisfeld C C, et al. Stability of boys' social success among peers over an eleven-year period [M]//Interpersonal relations: Family, peers, friends. Karger Publishers, 1987, 18: 58-80.

[295] World Health Organization. Growth reference data for 5-19 years [R]. Geneva: WHO, 2007.

[296] Wozniak D, Harbaugh W T, Mayr U. Choices about competition: Differences by gender and hormonal fluctuations, and the role of relative performance feedback[J]. SSRN Working Paper, 2009.

[297] Yeoh J P S, Yeoh P A. Competitiveness between Ethnic Malays and Ethnic Chinese in Malaysia[J]. GSTF Journal of Psychology (JPsych), 2018, 2(1).

[298] Yue A, Wang X, Yang S, et al. The relationship between infant peer interactions and cognitive development: Evidence from rural China [J]. Chinese Journal of Sociology, 2017, 3(2): 193-207.

[299] Zhang Y J. Culture, Institutions and the Gender Gap in Competitive Inclination: Evidence from the Communist Experiment in China[J]. The Economic Journal, 2018, 129(617): 509-552.

[300] Zhou C, Sylvia S, Zhang L, et al. China's left-behind children: Impact of parental migration on health, nutrition, and educational outcomes [J]. Health affairs, 2015, 34(11): 1964-1971.

[301] Comer, J. P. School power: Implications of an intervention project. New York: Free Press, 1995.

[302] Durišić M, Bunijevac M. Parental involvement as a important factor for successful education [J]. Center for Educational Policy Studies Journal, 2017, 7(3): 137-153.

[303] Epstein, J. School, family, and community partnerships: Preparing educators and improving schools. Boulder, CO: Westview, 2001.

[304] Epstein, J. L. In School, family, and community partnerships: Your handbook for action (3rd ed.). USA: Corwin Press, 2009.

[305] Jeynes W H. The relationship between parental involvement and urban secondary school student academic achievement: A meta-analysis[J]. Urban education, 2007, 42(1): 82-110.

[306] Patall E A, Cooper H, Robinson J C. Parent involvement in homework: A research synthesis [J]. Review of educational research, 2008, 78(4): 1039-1101.

[307] Wang H, Yang C, He F, et al. Mental health and dropout behavior: A cross-sectional study of junior high students in northwest rural China[J]. International Journal of Educational Development, 2015, 41: 1-12.

[308] Wen M, Lin D. Child development in rural China: Children left behind by their migrant parents and children of nonmigrant families [J]. Child development, 2012, 83(1): 120-136.

[309] Wilder S. Effects of parental involvement on academic achievement: a meta-synthesis[J]. Educational Review, 2014, 66(3): 377-397.